U0949905

数据时代
高校微信公众平台和抖音平台用户接受行为研究

赵辰玮　刘韬　著

WUHAN UNIVERSITY PRESS
武汉大学出版社

图书在版编目(CIP)数据

数据时代高校微信公众平台和抖音平台用户接受行为研究/赵辰玮，刘韬著.—武汉：武汉大学出版社，2020.9(2022.4重印)
ISBN 978-7-307-21583-2

Ⅰ.数…　Ⅱ.①赵…　②刘…　Ⅲ.高等学校—网络传播—受众—研究　Ⅳ.G206.2

中国版本图书馆CIP数据核字(2020)第096547号

责任编辑:聂勇军　　责任校对:李孟潇　　版式设计:韩闻锦

出版发行：**武汉大学出版社**　(430072　武昌　珞珈山)
(电子邮箱:cbs22@whu.edu.cn　网址：www.wdp.com.cn)
印刷:武汉邮科印务有限公司
开本:720×1000　1/16　印张:12　字数:171千字　插页:1
版次:2020年9月第1版　　2022年4月第2次印刷
ISBN 978-7-307-21583-2　　定价:46.00元

序　言

25年前，中国通过一条带宽只有64K的国际专线，接入了国际互联网，从此中国成为国际上正式承认的真正拥有全功能Internet的国家，中国互联网时代由此开启。25年，1/4个世纪，而就这短短的时间却创造出了人类历史上从未取得的惊人成就和无比绚烂的科技世界。麦克卢汉曾经在《理解媒介：论人的延伸》一书中提出“任何发明或技术都是人体的延伸”这一观点，反观今日的媒介已远远不仅是人们简单获取信息的凭借，而更多成为人们日常生活需要掌握的必备技能。移动互联网尤其是社交媒体和移动传播迅猛发展，传媒格局正在以不可估量的速度和程度发生着明显的改变，逐步形成了新的新闻传播生态。

习近平总书记指出：要完成新形势下宣传思想工作举旗帜、聚民心、育新人、兴文化、展形象的使命任务，必须科学认识网络传播规律，提高用网治网水平，使互联网这个最大变量变成事业发展的最大增量。当今世界，互联网的发展使信息技术渗透到现代人特别是大学生学习和生活的各个角落，移动客户端、微博、微信等新媒体以其快捷、互动、高效率沟通等特质在青年人群中得到了强烈的文化共振，并迅速成为青年人获取信息、认知世界、发表观点、参与公共事件的主要方式和手段。青年人自我话语意识逐步觉醒，自我表达的愿望更加强烈。数据时代，媒介素养培养对价值观念正在形成的青年人来说，影响更加深远。如何把握当代青年在新媒体影响下的接受行为，成为做好当代青年工作的一项新的重要课题。

自平台的概念或实际运营机制引入传媒领域后，“Web2.0”“UGC”“算法”等名词层出不穷，作为驱动新兴技术和联结用户关系的关键载体，媒体平台化和平台媒体化已经成为当前媒体融合转型的典型趋势。而作为新媒体类型的机构媒体，因其在面向特定行业、特定人群、特定区域的强烈服务特征，并积极参与社会管理，产生了重要的社会影响力。平台媒体和机构媒体的互动搭建了一种新型的社会关系，这种关系既改变了受众对于媒体的认识，也使得媒体成为受众线下社交关系的投射。以高校的媒体平台作为切入点，正是以小见大，洞悉传播格局“小社会”的窗口，更是对高校青年学子凝聚共识的网络空间的最新认知。

辰玮老师是我的硕士研究生，求学期间就以“媒介素养”的学术视角开始审视当前的新媒体业态，并且投入到微信等公众平台的实际运营中，通过书稿中的数据大家可以感受到作者对于所思考问题躬身实践的过程。“纸上得来终觉浅，绝知此事要躬行”，正是这些数据的积累，并通过科学研究方法的论证，才得出了目前在新媒体研究领域较为新颖的研究结论。本书的另一位作者刘韬老师也是一位学术严谨，具有较强思考能力的青年学者，其哲学博士的学理背景也为此书的接受行为研究提供了科学的范式。在此对辰玮、刘韬两位老师的书稿完成，即将付梓印刷表示衷心的祝贺，也期待着两位青年学者能够在未来的学术研究中取得更加突出的研究成果，不断推动这一领域的学术创新。

保定学院党委书记、教授、博士生导师

2019 年 11 月

前　言

根据中国互联网络信息中心（CNNIC）2019 年发布的第 43 次《中国互联网络发展状况统计报告》，截至 2018 年 12 月，我国网民规模达 8.29 亿，普及率达 59.6%，较 2017 年底提升 3.8 个百分点，全年新增网民 5653 万；手机网民规模达 8.17 亿，网民通过手机接入互联网的比例高达 98.6%。

网络技术的深刻发展带来了社会生产力水平的飞速进步，互联网与数字媒介的迅速升级与普及，使得传统的信息传播结构、传播方式、传播载体发生了革命性的变化。随着硬件技术的提升，便携设备更加充分地实现了人类智慧和计算机、互联网的深度结合。当今，中国进入了社会主义建设的新时代，社会发展与进步的速度、广度、深度正发生着前所未有的变革，机遇与挑战并存。习近平总书记在全国宣传思想工作会议上指出："必须科学认识网络传播规律，提高用网治网水平，使互联网这个最大变量变成事业发展的最大增量。"从市井生活到国家政策，从信息发布到信息接收，互联网已经成为我们生活的必需品。越来越多的受众选择使用手机等移动互联设备获知信息、辅助生活。技术的迭代更新和受众信息消费习惯的改变使得手机越来越成为人肢体的延伸，微信、微博和其他移动客户端（两微一端）正成为新媒体传播，尤其是移动媒体传播的最佳选择。

新闻生产方式的改变，Web2.0 时代的到来伴随着自媒体的蓬勃发展，加之"UGC"（User Generated Content，用户生产技术）理念不断被大众接受，导致越来越多的人投入以"两微一端"为代表的新媒体当中。随着我国互联网技术的进步，网络硬件基础设施不断完善，移动互联网的传输速度和带宽也在快速增长，从Java程序手机到Android手机再到全面智能机，随着3G、4G移动互联网速的不断提升和流量套餐资费的下调，网络新媒体尤其是手机新媒体的信息载体也不断更新迭代。以近10年为例，2007年中国移动推出了飞信业务，第一次实现了互联网、移动互联网和移动通信网间的无缝通信服务，以文字为主要载体的短信是当时三网间信息传递的主要方式，之后2009年新浪微博的问世，开启了中国移动社交媒体时代。“图片+140文字”成为微博发布的标准样板，随时随地随手拍照成为微博时代用户最主要的使用行为。2011年腾讯公司张晓龙团队推出了快速发送文字、照片，同时支持多人语音对讲的手机聊天软件——微信。微信在当今时代的高渗透率在此不再赘述。随着4G技术的推广，微博和微信等社交媒体纷纷推出了基于4G网络用户的微视频功能。我国网民接触互联网的行为呈现出新的特征，信息传播的载体也更加多元和丰富，网络的发达和普及成功地将人们带入虚拟的网络空间中。网络成为人们生活必不可少的必需品，同时也成为人们了解世界、传递信息最主要的渠道。

随着移动互联网技术的不断进步，原有的社交媒介形式不断推陈出新，新的信息交互软件不断产生并被推广，从2009年微博的火爆上市，到2012年以后越来越多的人开始接触并使用微信，而如今火遍大街小巷的是抖音等短视频App，手机中的一个个图标越来越成为人们生活、工作必不可少的“生存工具”。1999年9月10多家媒体、梦想中文网联合主办了“72小时网络生存测试”，来自北京、广州和上海的12名参与者在独立的房间内，通过网络来满足他们72小时的生活需求。72小时网络生存测试是检测当时电子商务发展的一次活动，却对社会产生了重大的冲击，人们开始意识到通过互联网可以真实地影响或改变生活。而如今，“美团”“百度糯米”“饿了吗”“大众点评”等软件已经成为上班族难以舍弃的生活必需品。高校的大学生尤其是刚刚步入大学校门的新同学，他们自出生起就赶上了互联网的大潮，是地地道道的互联网“原住民”，真正是“互联网+”的一代，也是最早应用各种新媒体社交软件的人群，是什么吸引他们使用这些软件？同时他们又如何利用这些新媒体平台进行学习、工作和生活？他们应用这些软件又有哪些特征和行为习惯？本书将围绕这些问题展开讨论，以期通过大量的运营数据和问卷调查结果展示出相对真实的用户接受行为，将个体化的使用行为集束表达，在群体的行为层面进行表征。由于技术和媒介的变化远远超过我们的预期，因此高校学生新媒体的使用行为也在快速地发生着变化或者日常使用的“阵地”也在快速迁移。笔者不敢奢望当下得出的结论仍然能适用于此时的现状，但至少是能够反映这个用户画像的阶段使用行为，或者回答一部分传播现象背后的原因，但愿本书能够为大家打开一个全新的审阅视角，触发新一轮研究的进行与开展。

目　　录

上篇：高校微信公众平台用户的使用与接受行为

下篇：高校抖音用户的使用与接受行为

上　篇

高校微信公众平台用户的使用与接受行为

第一章　微信公众平台研究概述

近些年来微信的发展进入了一个新的高峰，微信以其界面的简洁、使用的灵活方便受到了广大用户的欢迎，并且成为老幼妇孺都能接受的国民通信软件。微信已经逐渐与 QQ 并驾齐驱，甚至在部分人群中大有取代之势，成为广大群众最为喜爱的新媒体交流手段。微信不仅是一个用于交流的普通工具，更是将人与人串联起来的网络工具。根据腾讯 2018 年一季度数据，微信及 WeChat 合并 MAU 达到 10.4 亿，超过 2017 年底我国 7.53 亿的手机网民规模，微信已实现对国内移动互联网用户的大面积覆盖。2017 年微信登录人数已达 9.02 亿，较 2016 年增长 17%，日均发送微信次数为 380 亿次，微信已成为国内最大的移动流量平台之一。随着个人微信的普及，腾讯公司又推出了微信公众平台，微信公众平台一经推出就颇受欢迎，它弥补了微信人际传播的劣势，实现了一对多的大众传播，具有较大的影响力和更明显的传播效果。与蓬勃发展的微信个人账号相比，它打通了微信在公众传播中的诸多壁垒，形成了一个特殊的传播空间，创造了一个具有特殊场域特征的媒介空间。根据《2017 年微信经济数据报告》和《2017 微信用户研究和商机洞察》数据，截至 2017 年底，微信公众号已超过 1000 万个，其中活跃账号 350 万个，较 2016 年增长 14%，月活跃粉丝数为 7.97 亿，同比增长 19%。

进入 21 世纪以来，人们见证了互联网的蓬勃发展，互联网技术更是应用到了人们生活的各行各业中。各种各样的智能设备不断发展和完善使得相应的智能手段和工具被应用在社会相应的行业中。高校学生对于新鲜事物有着非常强的接受能力，这就为微信在高校中的推广奠定了基础。因此，为了满足当代大学生的需求，建立微信公众平台几乎成为必然的发展趋势。高校大学生作为一个特殊的群体，具有较高的媒介素养，较宽的信息视野，接受新鲜事物快，掌握新技术能力强，是最早接触并且使用微信的人群，同时也是微信公众平台的主要使用者，是研究高校微信公众平台较有价值的研究对象。

微信公众平台能够被高校大学生迅速认可和接受离不开其有效的推广手段。微信公众平台是面向广大用户显得更加高端的服务平台，它以相应的文章推送手段为基础，更加入了文章打赏、点赞、评论等功能，用户可以在文章之中添加图片，还包括与内容相关的视频、链接等，方便人们对文章有更深层次的理解，并增加了文章的可读性。微信公众平台还可以与校园学习生活相结合，并进行深入全面的商业合作。在微信公众号上进行营销推广可以降低宣传成本，提高产品知名度和提升品牌效应。同时，当代大学生作为潜在的社会精英群体，当前虽然是单纯的受传者，但是会成为日后的意见领袖和积极的传播者。目前研究他们的接受行为，对于今后探寻微信公众平台的改变力量，进行下一步的传播研究具有特殊的意义。高校微信公众平台作为一个较受高校大学生欢迎的媒介平台，更是能够从宏观上将分散化的特征加以集束或集中表征，从这个意义上讲，高校微信公众平台的研究具有更加积极的意义。

自 2014 年以来，媒体和广告营销研究领域最时尚的术语是大数据，人们已经从谈论“云计算”转向谈论“大数据”。因为业界已经意识到“云计算”指的是那些大型服务器及其计算能力，是各种移动设备所构成的载体。然而，随着媒介与网络的融合以及各种新媒体服务的普及，大数据的价值逐渐被开发出来，大数据在业界逐渐被重视。日常生活中人们在使用各种新媒体终端的同时也在产生海量数据，媒体运营商或众多营销机构必须能够有效地解读这些海量数据，以便掌握消费市场情况，同时有针对性地进行运营。数据更加了解消费者的偏好，例如分析消费者搜索关键词的轨迹以分析他们的身份和品位。互联网每时每地都会生成大量数据，一方面，提供人们浏览、搜索、社交和交易等服务信息；另一方面，各种类型的智能终端越来越普及，人们也会主动向服务商提供自己的数据。因此，在人们消费并产生数据的过程中，由于不同业务之下所产生信息的指向不同，在应用中产生的各种信息会形成大量的几何级别的数据组合，大量数据增长进而产生大数据。随着大数据时代的到来，海量的数据为传播效果尤其是用户接受行为的分析提供了有效的一手资料。大数据正在成为一种理念被人们广泛接受，其核心就在于数据挖掘基础之上的“预测性”分析。本书将以部分高校微信公众平台的相关数据为研究对象，建构微信公众平台用户间的关系和空间结构，就微信公众平台用户的接受行为，利用相关数据挖掘技术进行简要分析，对用户接受行为的规律进行总结，并提供相关效果分析的计算公式和评价体系。

第一节　研究现状

微信公众平台在其产生时并不是被命名为“公众号平台”，而是叫做腾讯微信“官方平台”，之后又被叫做腾讯微信“媒体平台”，发展到最后成为腾讯微信“公众号平台”。这些名称在改变的同时也意味着微信功能在发生相应的变化，功能变得更加强大。微信公众平台受众研究是一个全新的研究领域，以“微信公众平台”“受众接受行为”为关键词在中国知网进行搜索，研究者多从微信公众平台满足用户需求、开发新功能运用和微信公众平台运营三个方面进行研究。

一、微信公众平台与满足用户需求方面研究取得的一些成果

针对微信公众平台与满足用户需求的关系，业界多运用“使用与满足”和拉斯韦尔提出的“5W”传播模式的理论框架，结合用户使用心理进行研究。“使用与满足”其实就是有选择性的目的和获得。对于网络传播尤其是微信平台所发布的内容，受众的选择是基于对信息获取的“需要”，而媒介提供了受众所需要的内容，受众自然会进行相应的选择，在选择中获得满足后，后续会不断地出现所需要的内容，这种满

足感就会强化受众的选择意识，形成固有的选择习惯。受众个体的需要得到了满足，从而影响群体受众的需要满足，带动或表征出群体性的选择共识，成为显性的需要表达。

"使用与满足"同样适用于其他新媒体研究，人们可通过快捷、方便的新媒体满足自己的需求。微信平台的广泛性、群体性和易于传播性的特征满足了人们用碎片化时间来完成较快的碎片化阅读，既有信息量，又有可以满足不同人群的阅读倾向性的内容，使受众在选择时，更有主动权。① 较有代表性的研究成果有张炜薇、柯赟的《浅析微信公众平台对受众选择行为的影响》和陈梦轶的《微信公众平台的传播学解读》。文章指出微信公众平台对受众选择行为影响的最终目的是让受众产生使用行为，当需求被明确意识到，且成为维持行为发生与完成的动力时，就成为动机，需求和动机是影响受众选择行为的两大因素。

在黄楚筱、彭琪淋发表的《高校微信公众平台使用动机与传播效果分析》一文中，两人从认知动机和习惯动机两个方面，采用调查问卷的形式进行了量化分析；然而该研究也只是从横向比较了使用动机与使用行为的相关度，缺乏对于受众接受行为纵向的考量，对于传播效果的评价没有给出相应的度量标准和测算公式。在朱伟松发表的《微信公众平台在高校教学改革中辅助教学的应用及完善建议》一文中，他通过对各个高校的调查与研究，分析微信公众平台在各个高校中的教学改革中所扮演的角色，得出了微信公众平台在相应的辅助教学工作中所起的作用及应用方面的建议。在杨晰策发表的《以微信公众号助推高校学生就业创业指导工作探究》一文中，作者通过分析近几年来高校大学生的就业问题，对微信公众平台对高校学生的就业创业指导所产生的作用进行了详细的说明。胡晓发表的论文《微信公众平台下高校移动图书馆信息服务创新分析》与陈安子发表的论文《高校图书馆微信公众平台传播影响力评价体系的思考》探讨了高校图书馆移动客户端

① 陈婕妮：《高校官方微信传播策略研究》，广东外语外贸大学 2018 年博士论文。

的基本作用，认为高校图书馆移动客户端与微信公众号相结合可以提高线上图书馆的使用率，便利高校学生查询图书馆基本信息，如藏书情况与自习座位使用情况，大大提升了图书馆在同学们中的受欢迎程度。廖艳芳在其发表的论文《校园微信公众号在大学生思想政治教育工作中的应用》中对当代高校学生的基本政治素养进行了分析，指出当代大学生的思想政治教育对学生思想建设具有巨大影响，校园微信公众平台可以定期推送一些对当代高校学生有政治教育意义的文章。在崔秀娟和王琪发表的论文《微信公众平台辅助高职高专思想政治理论课教学研究——以“政在思考”公众号为例》中，对微信公众平台在辅助高职高专思想政治理论课教学方面进行了研究，以“政在思考”公众号为例进行了相应的说明。游鸯发表的论文《浅谈学生视角下高校微信公众号的运行策略》则对高校大学生进行了调查研究，以高校大学生的视角对微信公众平台的运营和维护提出了相关建议。

二、开发功能及运用方面的研究成为研究焦点

微信公众平台具有强大的功能开发能力，微信的强大不仅仅在于其交流的便利性，更在于其强大的辅助功能，如品牌推广、文化交流和O2O营销。用微信进行营销是赢得消费者认可、增强用户体验、提高客户忠诚度以及在竞争激烈的商业实战中实现精准营销的明智选择。通过强大的技术开发能力，微信公众号平台借助php语言与接口技术，能够实现自定义功能的开发和不同信息源间信息的汇总与聚合。国内有部分学者就其开发功能和运用开展了一系列的研究，尤其在图书馆服务等领域其更成为图情专业的专家学者关注的焦点，如武龙龙、杨小菊的《基于微信公众平台的高校移动图书馆服务研究》，杨宁的《论微信公众平台在教辅出版中的应用》，张蓓、窦天芳等《开发模式下图书馆微信公众平台服务的设计与实现》等文章，就着眼于微信公众平台开发功能的运用，并且就这些单一功能的受众行为进行了研究。这是目前国内专家学者研究成果比较集中的领域，占到了微信公众平台研究论文的一半左右。

三、微信公众平台运营及媒介经营管理方面的研究成果丰富

作为新兴的媒介形态，很多传统媒体的从业人员转型成为微信公众平台的媒介管理人员，国内部分学者从媒介运营的角度对微信公众平台的用户行为进行了初探，较有代表性的有赵敬的《微信公众平台发展现状初探》、刘欢的《高校微信公众平台简洁之道》、王璇的《媒体微信账号如何运营20万粉丝》等文章。他们从微信公众平台内容制作、"O2O"活动策划、微信账号商业化运营等方面进行了阐释，并提出了理性的思考和建议。这部分的研究成果目前都是篇幅较短的描述类文章，所采用的研究方法大部分为观察法，所提出的理论多为主观的感性经验。

由前述文献综述可知，相关研究主要采用观察法和问卷调查法，所得出的结论以个人的感受为主。在"大数据思维"方兴未艾的热潮中，对于研究微信公众平台这一全新的媒体形态进行研究必须有真实、大量的数据作为支撑，运用科学的分析方法、分析软件进行研究分析，从定性和定量分析中探寻微信公众平台受众行为的相关性和线性关系。

从2014年7月起，腾讯公司开放了图文消息阅读人数和点赞数量的权限（目前"点赞"功能已更改为"好看"），这两个功能看似不起眼，但它表明微信将打破长期持有的"弱营销"属性。权限开放之后，用户可以更直观地了解文章的点击量与受欢迎程度。与此同时，广告客户也可以更有效地投放广告。微信官方公开信息显示，2017年底微信公众号已超过1000万个，其中活跃账号350万个。微信平台推广功能在公开测试期间就拥有超过8000名广告客户。从这些数据来看，微信影响非常广泛。从过去的"严重过度营销"到这次的重大修订，微信似乎变得越来越商业化。此次修订是微信未来细化营销生态的开始，有专业广告人指出："将来会有更多规则，而不是更少。"

本书将以高校微信公众平台为研究对象，同时对自身参与的微信公众平台运营积累的相关数据进行分析，重点研究高校大学生对于微信公

众平台的接受行为，同时随着新兴媒介如短视频等移动客户端的出现，类似抖音、火山等短视频平台也成为高校新媒体用户所常用的新媒体平台，本书也将在下篇对这类媒体的接受行为作简单的初探。

第二节　研究对象和方法

一、研究对象

本书以“高校微信公众平台”“用户接受行为”为研究对象，运用新闻学、传播学、社会学、网络动力学和流行病学等相关学科知识，对高校微信公众平台的内部（关系、空间）结构、信息传播的过程、用户的接受行为分类及产生接受行为的动因和影响因素进行分析，并对部分接受行为给出评价公式。同时伴随着新媒体传播生态的重塑，2016年短视频与网络直播迎来了黄金发展期，成为近一阶段以来主流的信息产品传播形式，以抖音为代表的短视频网站迅速崛起，本书也将探析短视频网站的用户接受类型、动机和行为，并对抖音等短视频媒介的发展给出意见和建议。

二、研究方法

文献综述法：通过对当前一些论文进行分析，搜集、整理有关高校微信公众平台的相关资料，对其进行分析研究。

个案分析法：以“河北大学青年”为研究对象，深入探寻其用户的接受行为。“河北大学青年”在南方周末数据实验室（南方周末报业传媒集团开展的新媒体研究项目）发布的《中国高校微信排行榜》中位列第1位，因其具有一定的代表性，可以作为案例进行分析。同时，清华大学的沈阳教授在其公众账号“新媒体指数”（ID：indexmedia）上，每周会发布各高校的微信公众平台相关指数，笔者也对其中有代表性的微信公众平台（5大类30个账号）进行比对和佐证研究。“河北大学青年”微信平台可提供成绩查询、网上评教、快递查询、订餐服务等4大类33项信息服务，功能基本覆盖学生日常的学习生活等领域。

定量与定性相结合分析法：通过对个案“河北大学青年”微信公众平台在2014—2018年5年中全部积累的运营数据，利用SPSS软件进行相关分析，并对用户的接受行为给出相关性分析，建立评价模型。

访谈法：抽取部分用户进行深度访谈，了解用户的使用感受及接受行为。

问卷调查法：针对河北大学的具体情况设计、发放了《大学生校园微信公众账号使用情况调查问卷》，问卷共发放400份，回收319份，回收率为79.75%。我们将结合问卷调查的结果，运用SPSS软件进行数据的相关分析，客观有效地反映“河北大学青年”微信公众平台的用户使用状况，积累一手数据，为建立影响接受行为的模型准备相关数据。

第三节 创 新 点

一、选题创新

本书填补了高校微信公众平台用户接受行为研究的空白。在以往的研究中，对于微信公众平台的用户行为只有宏观的描述，对于接受行为的影响因子涉及的较少，尤其对于较为特殊的高校微信公众平台的用户研究则更为单薄。

二、研究方法与研究对象创新

本书将引用网络动力学和流行病学的相关经典理论对微信公众平台信息的传播和用户接受行为进行研究，并建构微信公众平台的用户结构和传播方式模型。同时，笔者是“河北大学青年”微信公众平台的运营人员，了解该公众平台在运行中积累的全部数据，对微信公众平台的数据熟悉并且了解各类指标所反映的情况，有利于调研的顺利进行。

第二章　高校微信公众平台的特征

第一节　微信公众平台定义与特征

微信公众平台是微信这个超级社交媒体的衍生物，早在 2012 年 8 月 23 日就已经上线，并且飞速发展，在短时间内影响力超过微博，成为一个全新的自媒体平台。腾讯企鹅智酷发布的《2017 年微信平台数据研究报告》显示，近八成的微信用户关注了微信账号（图 2-1）。

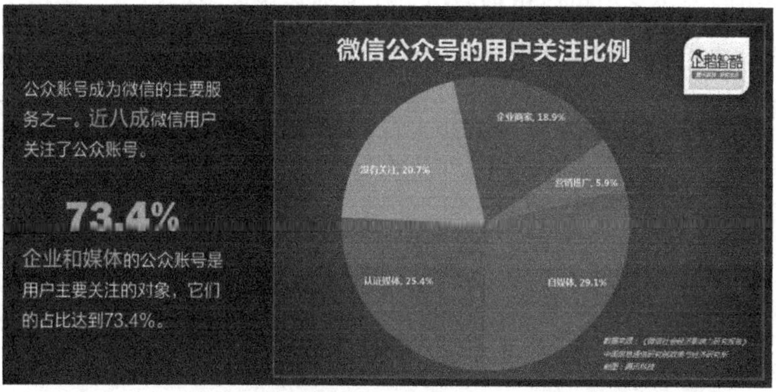

图 2-1　微信公众号用户关注比例①

然而面对如此庞大的受众群体，对微信公众平台的定义却没有一个

① 参见腾讯企鹅智酷发布的《2017 年微信平台数据研究报告》。

统一的结论，都只是对微信公众平台的功能进行的浅显的描述。在腾讯微信的官网上，对于微信公众平台有这样的描述：一款跨平台的通信工具。支持单人、多人参与。通过手机网络发送语音、图片、视频和文字。①

因此有学者认为微信公众平台是腾讯公司在微信这一社交媒介的基础上新增的功能模块，通过这一平台，个人和企业都可以打造一个微信公众号，并实现和特定群体的文字、图片、语音的全方位沟通、互动。正如微信平台登录页面所显示的宣传语一样："再小的个体，也有自己的世界。"利用公众账号平台进行自媒体活动已经形成为一种主流的线上线下微信互动营销方式。② 微信公众平台近些年来发展飞速，由于其功能的强大已被各行各业所使用。微信公众平台近些年来为了加强其安全性以及便利性，本身的 LBS 业务数据都是由腾讯公司独立进行运作的。

这里要着重说一下 LBS 业务，微信公众平台的 LBS 图形回复可以用来帮助商家进行位置的设定，当用户在使用微信公众平台的时候，回复相应的商店名称可以更加便捷、快速地找寻商家的位置。微信公众平台这项功能不仅能够帮助相应的微信用户找到理想的商店，更可以帮助对应的微信商店用户提高自身的影响，提升自身的信誉，达到商业推广的目的。同时，商家可以撰写相应的推文发表在相应的微信公众号上面，介绍自己的产品与服务，吸引消费者兴趣，提高购买欲望，扩大销量。

还有学者指出微信公众平台开放了其 API 接口，任何机构都可以针对此接口开发并构建自己的第三方服务平台，实现和机构业务的无缝对接。③

我们不妨将微信公众平台与微博进行对比（表 2-1）：

---

① 参见 http：//weixin. QQ. com/。

② 田原：《企业微信公众订阅号的运营策略及有效性研究》，西北大学 2014 年博士论文。

③ 孔云、廖寅：《基于微信公众账号的图书馆移动信息服务研究》，载《情报杂志》2013 年第 9 期，第 167~170 页。

表 2-1 **微信公众平台与微博对比图**

	微信公众平台	微博
运营公司	腾讯	多家（腾讯、新浪、搜狐等）
媒体类型	关系类	内容类
添加方式	需用户被动关注	可主动关注
传播类型	点对点（有限面）传播	点对面传播
传播范围	封闭平台用户	开放所有用户
发布内容	无限制	不能超过 140 字①
发布时间	不可随时	随时
发布次数	订阅号每天 1 次 服务号每月 4 次 企业号无限制	无限制
使用媒介	发布端：PC 接收端：手机	PC 与手机均可
能否自主开发功能	能	否

笔者基于国内多位专家学者的研究成果，采用“内涵定义”的方法，认为微信公众平台具有以下特征：

（1）是一款社交类自媒体平台，以微信为支撑，与 QQ 账户互通。

（2）可向特定的用户推送语音、文字、图片和小视频等消息。

（3）可以由运营者自己开发功能、订制服务，充分体现了开发者的自主性。

微信公众平台先后经历了“官方平台”和“媒体平台”的名称变更，最终定位为“公众平台”。2013 年 10 月 29 日，微信对公众平台进行了升级，升级后的服务号可申请微信认证，提交资料审核通过后，即可获得认证标识，并同时开通高级接口权限。

微信公众平台目前按账号类型可分为三类：订阅号、服务号和企业

① 2016 年 1 月 20 日以后，此项限制取消。

号（2014 年 9 月上线）。我们从表 2-2 可看出三种账号的不同：

表 2-2　**微信公众号类型分类对比图**

	服务号	订阅号	企业号
概念	为企业和组织提供更强大的业务服务和用户管理能力，帮助企业快速实现全新服务的公众号服务平台	为媒体、组织和个人提供一种新的信息传播方式，构建与读者之间更好的沟通与管理模式	为企业和组织提供移动应用入口，帮助企业建立与员工、上下游供应链及企业应用间的连接
适用组织	媒体、企业、政府或其他组织	个人、媒体、企业、政府或其他组织	企业或其他组织
代表账号	招行信用卡、广东联通	央视新闻、广州公安	哈根达斯、东方航空
平台内容	提供服务	提供信息和咨询	企业内部办公
消息发送	每月 4 条	每天 1 条	无限制
消息显示	出现在聊天列表	折叠在订阅号文件夹	折叠在企业号文件夹
能否实现自主开发	能	能	能
支付功能	能	否	能

2017 年 1 月 9 日，腾讯公司微信团队又正式上线了微信小程序。小程序是一种不需要下载安装即可使用的应用，它实现了应用“触手可及”的梦想，用户扫一扫或者搜一下即可打开应用，也体现了“用完即走”的理念，用户不用担心在手机上安装太多应用占用内存的问题。对于开发者而言，小程序开发门槛相对较低，难度不及 App，能够满足简单的基础应用，适合生活服务类线下商铺以及非刚需低频应用的使用和发展。小程序能够实现消息通知、线下扫码、公众号关联等七大功能。其中，通过公众号关联，用户可以实现在公众号与小程序之间相

互跳转。① 小程序成为与订阅号、服务号和企业号三种公众号并行的应用体系。2018 年 10 月 17 日，IT House Applet 2. 16 正式启动。Applet 无须下载即可使用，这是一个非常重大的创新和技术突破。经过近两年的发展，微信已经构建了一个新的小程序开发环境和创新人员生态系统。小程序也是中国 IT 行业的一项创新，现在有超过 150 万开发人员加入这一领域一起推动小程序的开发。小程序的数量超过 100 万个，覆盖 200 多个细分市场，每日用户数量达到 2 亿。微信小程序也支持许多城市的地铁和公共汽车服务。同时小程序的发展也带来了诸多社会效益。2017 年，小程序项目促使 104 万人就业，社会影响也继续增加。但是小程序的发展得依托于微信公众号的发展，因此本书的研究重点仍然着眼于公众号，对于小程序的研究期待日后进一步的探寻和发现。

由此我们可发现三种类型的公众号各有不同，本书所涉及的高校微信公众平台因其所涉及的功能，大部分高校运营人员选择了订阅号，所以本书所研究的微信公众平台仅限于订阅号。

第二节 高校微信公众平台的特征

高校微信公众平台（订阅号）是目前高校较为普遍的新媒体传播方式，以微信公众平台为基础构建的校园自媒体已被广大师生所认可，校园自媒体的建立不仅可以达到宣传学校的目的，使广大师生第一时间了解学校最新的相关活动，同时还可以提升师生凝聚力，共建共营校园文化。高校微信平台具有以下传播特征：

一、高校与微信公众平台运营方存在隶属关系

高校微信公众平台的运营方应为高校的个人或机构，与所在的高校具有隶属或管理关系。目前全国高校的微信公众平台运营方大致可分为

---

① 参见百度百科，https：//baike. baidu. com/item/%E5%BE%AE%E4%BF%A1%E5%B0%8F%E7%A8%8B%E5%BA%8F/20171697。

以下三类：校务机构（团委、学生处、招生办和附属医院等）、学生组织（学生会、社团）和个人。这些运营方在微信平台的运营管理中，充当了“把关人”的角色。在平台上，运营方对于功能的设计和每日图文消息的推送起到决定性作用，从信息的生产到消息的发布，都能够进行“议程设置”。① 互联网的出现彻底改写了大众传播的图景，互联网使得信息生产呈现“众包”化、信息来源多元化、信息消费碎片化的特点，使得信息的流动和获取从传统媒体时代的线性模式向网状模式转变，传统意义上的受众也参与到内容生产的过程中。这类运营机构由于自身的隶属关系，在信息的采集过程中更加注重议题的集中性，更加聚焦于机构职能所覆盖的领域，更加强调以关系为核心的议程设置模式。通过观察可以发现高校微信公众平台对于自身推文推送的频率和时间是不固定的，原因多种多样：由于校园微信公众平台的特殊性，校园微信公众平台的管理人员一般都是由本校的学生担任，本校的学生由于其身份的特殊性，到岗时间不固定，这就使得校园微信公众平台产生的推文时间并不固定。更重要的是，平台工作人员面临毕业离岗问题，因此，平台的管理人员很可能会无法顺利完成交接。由于目前经营校园微信公众平台的学生都是由教师指导的，他们的自主权和创造力有限，虽然许多公众平台推送了具有高水平的内容，但用户的阅读量远远低于预期。由于传播内容缺乏可读性，无法吸引读者兴趣，且传播形式也缺乏创新，导致读者与平台无法进行有效互动。此外，大多数公众平台的服务功能相对简单，忽视了对开放平台功能的探索，无法真正满足学生的需求，这也是校园公众号存在的一个问题。

二、用户群体以高校在校大学生为主

平台的用户以在校大学生为主，这与平台所开发的功能息息相关。由于受众的相对固定性，使得平台设计的功能与推送的消息趋向一致，

---

① 郭庆光：《传播学教程》，北京：中国人民大学出版社 2009 年版，第 105 页。

与校园生活相关的信息成为平台发布的主要内容。微信公众平台在推送信息时可在文字中加入图片、语音、视频等，与纯文本和数量有限的纯图片形式相比，校园微信公众平台在大多数情况下选择使用图片形式，因为图片在传达信息方面更加方便简洁，且易于排版。目前，更常见的图片和文本形式在一定程度上引起了用户的审美疲劳。公众号编辑迫切需要创新内容与形式来推送相关信息，例如独特的排版、添加音频和闪存链接等。但是，大多数掌控校园微信公众平台后台的运营人员为在校学生，在校学生的技术能力和专业人士相比还存在较大的差距。校园微信公众平台主要是面向广大学生以及老师的，这就决定了高校微信公众平台的基本功能要适合广大师生的基本需求，因此校园微信公众平台都是围绕广大师生来发布与校园有关的消息的。固定的受众群体造就了微信公众平台较为稳定的发布内容与功能，特殊的受众结构构成了独特的"圈子"传播。微信公众平台的受众是现实生活中的"同学""朋友"这种强关系形成的公众平台的社交网络结构，这个"圈子"结构较为稳定，渗透率高，是联系最为频繁的熟人圈。香港学者祝建华曾提出"新媒体权衡需求理论"，他指出受众在生活中某些重要的需求在传统媒体无法满足时，就会采纳并使用那种新媒体。微信公众平台正是满足了受众对于校园信息的新需求，所以在很短的时间内吸引了大批的粉丝。受用户之间"强关系"和"朋辈效应"的影响，高校微信公众平台的受众群较为稳定和一致，① 形成了特殊的场域。我们不妨以网络动力学或者社会网络理论的视角来审视这个特殊的受众群体所形成的场域，这类受众群体既具有虚拟的网络身份，是相互独立的，但又是现实生活中相互认识与影响的熟人关系。这种关系我们可以用这样的方式来理解（图 2-2），某网络受众节点 A，每一个与 A 相关联的关系点记为 a，A 与 a 直接的距离（或者叫连接数）记为 N，且 N=1，A 的现实关系集合为 Sa，节点 B 同此理。现实中 Sa 与 Sb 重合度高，但 A 与 B 却

① 陈梦轶：《微信公众平台的传播学解读》，载《三明学院学报》2014 年第 1 期，第 76~80 页。

在网络关系中没有连接。

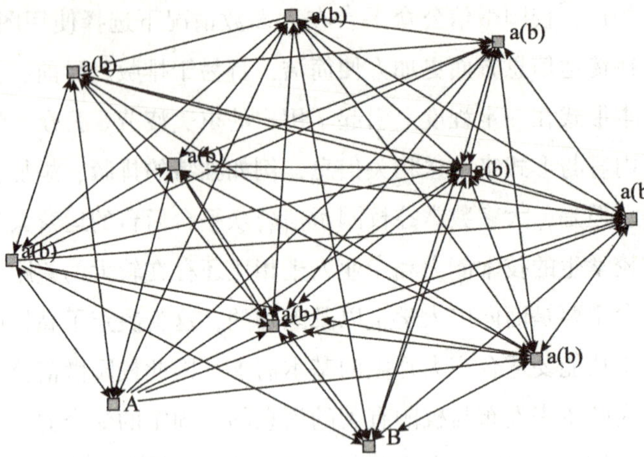

图 2-2 微信公众号用户关系结构图

三、传播方式趋向“点对点”的传播

虽然微信公众平台面对的是“大众”，但是这个“大众”的概念区别于以往我们所提到大众概念，其所面对的大众是由密闭的个体叠加而成（上文所讲到的“圈子”也可在宏观意义上理解为个体），且各个个体之间很少出现信息的流通与交换。因此，微信公众平台与用户个人的关系更趋向于“点对点”的人际传播，即平台与用户之间可以实现信息的传递与互动，但用户之间的交流却很少。公众平台信息传播的特点使得用户对于信息的选择得到了支持，同时又兼顾了用户交际圈的黏度与稳定（图 2-3）。

中心位置的方框代表微信公众平台，圆形的点代表用户个体，方框与圆点的连线代表信息流动的路径。微信公众平台作为信息发布的中心，向用户进行消息的推送，再由各个用户向所在的朋友圈进行推送或辐射，这样的层级传播机制呈现出多层级的裂变的传播过程，从而达到病毒式的传播。虽然微信公众平台具有相对明显的边界（即图中的立

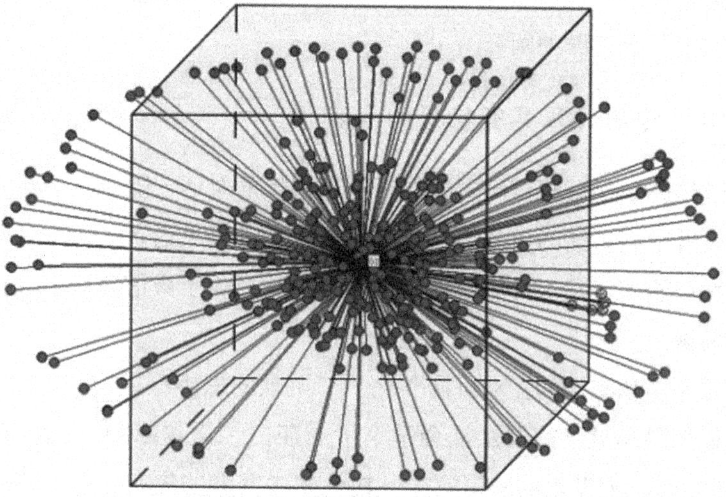

图 2-3　微信公众平台受众关系图

方体代表公众平台受众群的边界)，公众平台的信息只能推送给关注微信平台的用户，但是通过“转发”行为，可以使平台的消息突破这个边界。这同研究计算机支持网络的代表人物、加拿大多伦多大学的魏尔曼（Berry Wellman）教授提出的社会网络三种模式中的“全球地方化”（Glocalization）相同。魏尔曼教授从社区与工作的社会网络角度入手将社会转型概括为三种范式，分别是“小盒子”（Little box）、“全球化”（Glocalization）和“网络化个人主义”（Networked individualism），“小盒子”是较为传统的模式：基于家庭、邻里、工作和社群等关系而形成的具有较强关系，连接稠密，沟通复杂的群体，这些群体的边界相对固定、结构化程度高；其成员同时属于为数不多的群体；成员直接关系密切，所受约束较多，常有简单明确的等级之分；成员之间的互动发生在同一场所，一次只能参与一个群体的互动。随着技术的进步，“小盒子”逐渐向社会网络进步和转化，他指出不同的社会群体的边界是可以渗透的，多个网络之间可以连接，即使在同一个群体内，不同成员之间也可以拥有不同的网络，而互动关系成为这个群体模式的核心，人变成了信息的门户和节点。①（关于用户的接受与再传播的研究在本书第四章第三节会有详细阐释。）

四、传播过程具有较强的私密性

微信公众平台与订阅者的对话是私密性的对话，除对话的双方之外其他人看不到对话的内容。这种对话模式拉近了对话者的距离，更具有私密性。然而正是这种私密性的传播特点，形成了微信公众平台特有的舆论场域。

首先，私密性的互动机制弱化了"沉默的螺旋"效应。"沉默的螺旋"概念最早见于德国女社会学家伊丽莎白·诺尔-诺依曼在1974年《传播学刊》上发表的一篇论文，其后在《沉默的螺旋：舆论——我们的社会皮肤》一书中，她对这一理论进行了全面的概括。这一理论强调个人"对社会孤立的恐惧"，以及有这种"恐惧"所产生的对"多数"或"优势"意见的趋同行为。然而在微信平台中，每个用户都是单独的点，每个用户和平台的交流都是一个唯一的信息传送路径，因此在意见表达时，不会受到周边舆论环境的影响，更具独立性，从而消解了"沉默的螺旋"效应的影响。正如郭庆光在《传播学教程》中表述的那样，人际传播的信息和意义更为丰富和复杂，在多种渠道和手段的配合下，会形成特殊的传播情境，这种特殊的情境会产生新的意义。尤其在高校中，在校大学生思想活跃，个性突出，对于各种新鲜事物的捕捉能力强，掌握速度快，同时又具有较高的媒介素养，对于利用各种媒体来实现意见表达，实现价值认同具有较强烈的愿望，当然也容易出现偏激的观点。就传播的公开程度而言，微信公众平台与订阅者之间的对话是私人对话，对话的内容是不可见的。然而，正是这种隐私特征在微信公众平台上形成了独特的舆论场域。此外，传播圈的固定造成了意见的回音壁效应，强化了朋友圈中舆论领袖的地位。在这个悖论领域，用户的情感、态度和观点是多方共存的。在这里，可以用美国学者约翰的

① 何威：《网众传播》，北京：清华大学出版社2011年版，第14~15页。

理论“出现现象”来解释。“出现现象”是复杂自适应系统自组织的一个奇妙现象，这意味着系统的整体功能来自系统中的个体，但个体不具有整体出现的特征。可以这样理解，虽然用户的个人意见薄弱，但微信公众平台充当了沟通者，并且用户作为接受者的角色也在不断变化。同时，一旦隐私被公开，看似平静的现场网络将立即形成一些舆论集群，用户之间的密切关系（特别是高校微信公众平台用户之间的密切关系）将是现实的。实际上，关系中的复杂用户将成为舆论的领导者，导致“群体两极化”现象。在这里，可以借用网络动力学的相关知识来映射场域特征。

其次，私密性的表达更强化了意见领袖的地位。由于微信公众平台与用户沟通的非公开化，导致在平台内部就特定问题存在着多种表达意见。在这种舆论场中，用户的情绪、态度和意见是多元共存的，这里我们不妨应用美国学者约翰·H. 霍兰所提出的“涌现现象”来解释。

“涌现现象”是复杂适应系统自组织中的一种奇妙现象，是指系统的整体功能全部来源于系统里的个体，但个体却不具备整体所具有的特征（图 2-4）。① 可以这样理解，虽然用户个人观点表达是微弱的，但是微信公众平台作为传播者，用户作为受传者的角色却是在不断变化交换的。同时这种私密性一旦被打破或公开化，看似平静的场域网络立即会形成多个舆论簇，同时用户间的强关系（高校微信公众平台用户的关系更为紧密）会将现实的关系在网络中进一步强化，现实关系中复杂的用户会成为舆论领袖，产生“群体极化”现象。

图 2-4 中，我们可以借用网络动力学的相关知识来谱绘我们的场域特征。我们假定图片中心为我们的平台，用户可以近似看成孤立的顶点，记为 G。连接顶点的关系线记为 N，顶点的边数称为顶点的度，记为 k。当 $k \approx 1$ 时（图 2-4 的上半部分），每一个受众与平台保持私密性的连接，信息的传递是放射状的，各个用户之间没有信息交流，一旦这

① ［法］埃德加·莫兰，陈一壮译，《复杂的思想——自觉地科学》，北京：北京大学出版社 2011 年版，第 153～163 页。

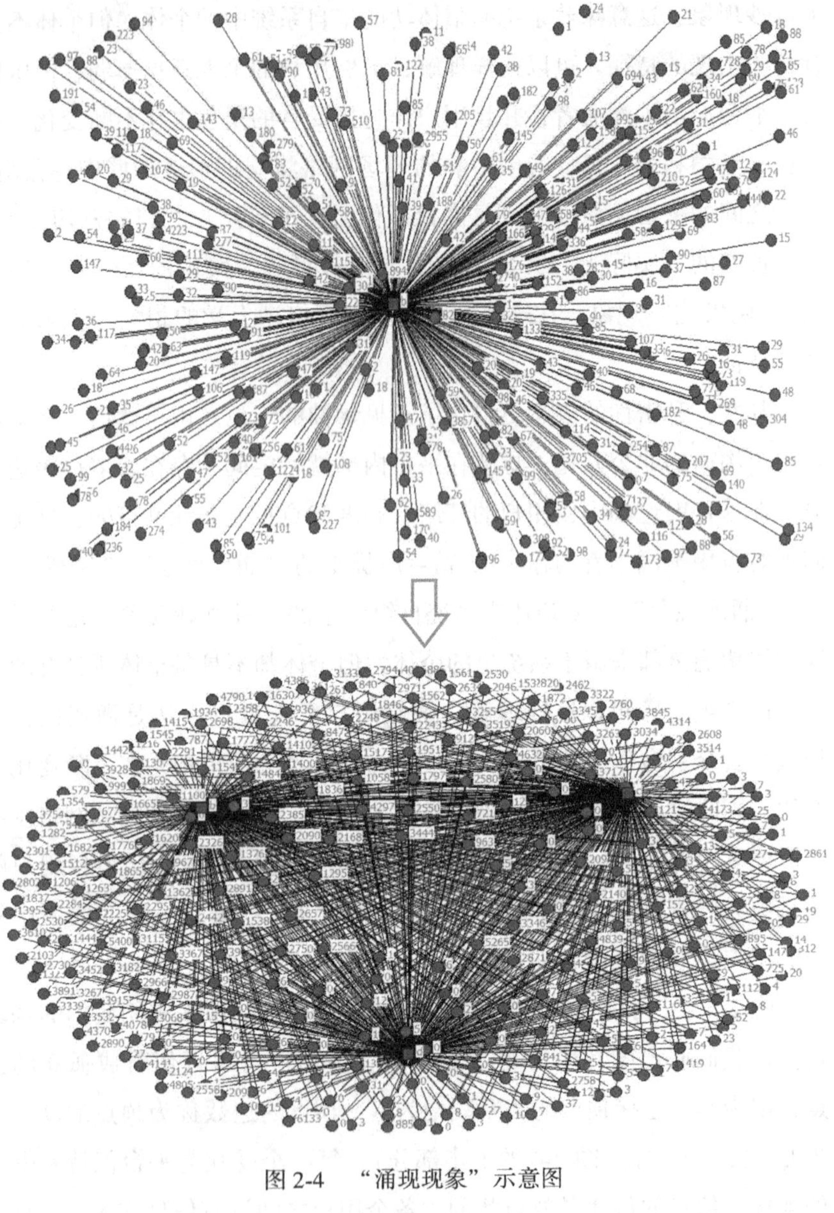

图 2-4　“涌现现象”示意图

种私密性被打破，顶点 G 的边数 N 增加，即 k>1 时（图 2-4 的下半部分），孤立的点实现“桥接”，很快就会形成“意见领袖”。在高校微信公众平台的受众群中，现实中的老师、社团负责人、学生干部和平时较为活跃的同学其在微信当中转发的消息或发表的意见，往往会得到高回复率和高点赞量。这些在现实中具有关系网规模较大的“重要节点”者即是潜在的“舆论领袖”。通过这个场域特征我们发现，“度中心性”在逐渐影响或取代我们所熟悉的“频率”，成为衡量信息流通显著性的主要标准。由于微信平台每天只能有一次推送的机会（大部分微信平台每天只能推送一条，只有具备媒体属性的企业单位和政府机关被微信官方开放每天多次推送的权限，如：《人民日报》、新华社、共青团中央等机构每天有多次推送的权限），“度中心性”在网络分析中更多地是一个节点的关系数量总和，度中心性的分值越高，说明这个节点在整个网络中与其他要素之间的联系越紧密。“度中心性”提供了一个更为全面的视角，帮助研究者在一个更为宏观的语境下评估不同要素在公众认知系统中所处的地位。

五、使用需求以校园类信息为主

高校微信公众平台的受众大致可分为以下四类：在校大学生、教师（学校管理者）、校友和学生家长。在这几类人群中，在校大学生是受众的核心力量。在发放的问卷中，对于微信公众平台的使用诉求调查结果如下（图 2-5）：

校园类信息的诉求（A、B、C 选项）占到了所有诉求的一半以上，诉求的相对集中使得高校微信公众平台在进行信息推送和运营时可以有的放矢，实现推送消息的精准化。微信平台是用户主动关注的，根据“使用与满足”理论，用户关注微信平台是基于某种动机，并希望自己的需求得到满足，当使用需求得到满足时，对于所关注的微信平台的忠诚度也会随之提高，因此精准化的信息传播对于满足受众需求显得尤为重要。例如，“河北大学青年”校园微信公众平台上面加入了成绩查询这项功能，这项功能一经推出，就受到了广大学生的欢迎，同学们不再通过繁琐的电脑端连接校园网，进入到校园网的教务系统上面，输入自身的学号查询自己的成绩，而是只需在学校微信公众平台上输入自己的

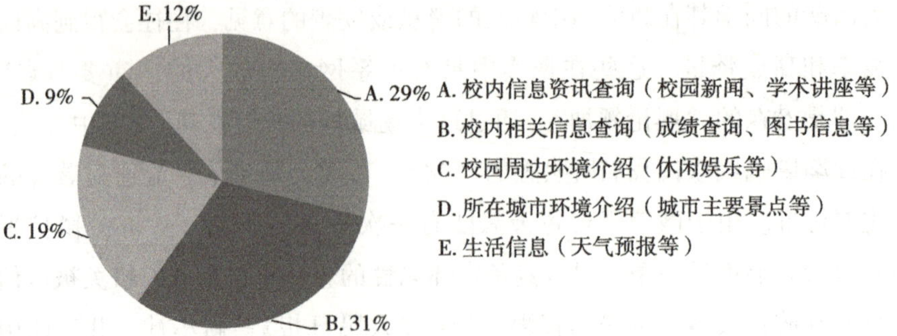

图 2-5　高校微信公众平台使用诉求统计图

学号，就可以直接查询自己的相关考试成绩。另一项受到广大学生欢迎的功能就是课程查询，每学期新调换的课表和上课地点成为困扰广大学生的一大问题。因此，在校园微信公众平台上面，加入课程查询功能就可使学生了解最新的课程情况，从而形成固定且不断增长的用户群。在目前国内校园微信公众平台上，不同类型的公众平台呈现出不同的建设和推广风格。在此次调查过程中，微信公众平台的受众群体主要是学生，这些学生关注校园公众平台的目的就是为了保证第一时间获得学校的最新消息，同时也可在微信公众平台上进行互动以及娱乐活动，这就给校园公众平台提出了更高的要求。官方的校园微信公众平台也可以发布较为权威的政府信息以及学校消息。目前，大多数高校在微信公众平台上进行了二次开发，已经开发出成绩、课程表、书籍查询等实用功能，以及诸如表白墙和照片墙之类的有趣的交互功能，这些新的功能可以增强学生的互动性，为校园公众平台吸引更多的用户。同时一些校园公众号引入了第三方的信息管理平台，对校园活动的发布、第二课堂活动的统计等都进行了集合式的设计，极大地丰富了用户的使用。校园微信公众平台作为一种新型的校园媒体，在新颖、实用、开放的方向上不断发展，开创了高校信息传播的新纪元。

第三章　高校微信公众平台用户接受行为分析

第一节　高校微信公众平台用户的接受行为概念

“接受”，在新华字典里被这样解释：接受是一个人在心理上对某种事物表现出容易接受的心态。概括来说，应该是对事物采取容纳或不排斥的态度。《接受学导论》将“接受”的概念界定为：接受的形成或发生受到思想文化客体与接受主体自身双重制约和影响，从而使接受活动具有一种双重决定结构。接受指的是规定此约定的条件人，在相应的约束情况下给出相应的约定条件，在另一方同意遵守这些条件的情况下进行必要的交易，同时这些相应的约定条件需要相应的法律来保证这个约定的进行，双方都必须在遵守这些条件的情况下开展此次交易活动。如果交易条件简单，则无须重复接受中的所有条件。如果双方多次互相竞争，条件变化很大，交易涉及需要变更的交易条件，此时在接受时应重复所有条件，以免遗漏和误解。

从定义中我们可以发现，“接受”是一个过程，是从心理上情绪、态度的改变进而影响行为的一个连续的反应。

在哲学领域中，接受行为是主观对客观的一种接纳和吸收行为，是出自自我意愿的一种行为，是一个心理过程，也是接受主体与对象之间的关系。

在文学领域，“接受”一词具有较长的历史。20 世纪 60 年代，以德国文学家姚斯为代表的康斯坦茨学院派创立，系统地提出了“接受美学”理论。姚斯认为“只有阅读活动才能将作品从死的语言材料中拯救出来，并赋予其现实的生命”，并提供给读者一个图式化的框架。“接受美学”把读者放在文学创作中的核心地位，他所提出的“期待视野”“空白、空缺”等概念充分说明了文学接受是一个过程，是一个审美的过程，一个进而引发行为和创造的过程。

在新闻传播学中，“接受”这个概念是以受众为核心而展开的。受众的接受行为研究是一个相对完整的传播过程的重要组成部分。在西方，美国传播学家拉斯韦尔提出的“5W 模式”或“拉斯韦尔模式”影响深远，这种模式第一次把人们解释不清的传播活动表述为 5 个环节和要素，后来的“受众分析”和“效果分析”就是沿着这个思路形成的。

之后，美国科学家施拉姆在 C. E. 奥斯古德的研究成果上加以深化，提出了“循环模式”，这里没有传播者与受传者的概念。传播的双方都是传播行为的主体，通过信息的授受处于你来我往的相互作用之中。新闻接受，就是一个对新闻信息译码的过程，在这个过程中，既有被动的信息接受，也有主动的信息搜索（图 3-1）。对于用户不熟悉的信息，受众往往采取怀疑、验证、接受、传播的态度。这与微信公众平台的传播模式相同，微信公众平台用户的使用习惯、发送次数等接受行为，从整体上形成一个使用体验，同时为微信公众平台的信息发布、运营提供了一个参考意见，并加以改进。

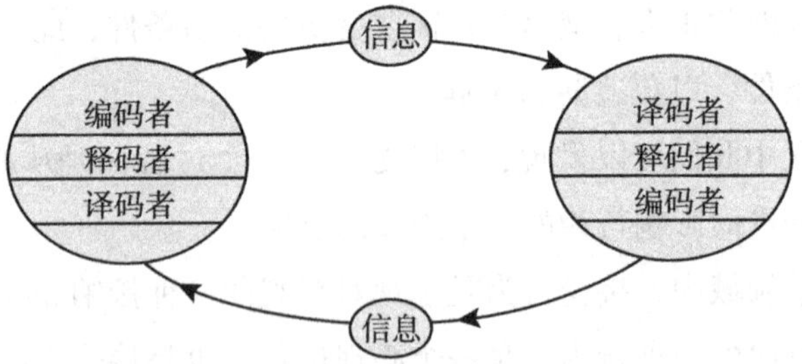

图 3-1　施拉姆循环模式图

在曾凡斌、彭兰的《社会化媒体下公众新媒介素养的调查分析》

一文中，他们运用媒介素养的相关知识，结合社会化媒体的新背景，认为在社会化媒体时代，受众不仅是消费者，更是内容的生产者、媒介活动的积极参与者，它包括三个维度、六个方面的素养。其中第一维度：媒介使用素养。第二维度：信息消费素养（包括有效信息筛选的能力和对信息辨识分析与判断的能力）、信息生产素养、社会交往素养（包括社会化媒体的社会交往行为以及对社会化媒体中的交往伦理的认知两方面），这个维度中的三个素养分别对应了社会化媒体的三种功能：关注（获取信息）、转发或评论（发布消息）、好友。第三维度：社会协作素养和社会参与素养（包括社会化媒体参与功效意识和社会化媒体参与意向两个方面）。① 在这份研究报告中，虽然没有明确指出社会化媒体接受行为的分类，但是却较为明确地分析了受众在参与社会化媒体中接受的过程。

结合以上分析，我们在此对高校微信公众平台的用户接受行为进行这样的定义：

高校微信公众平台用户的接受行为是指用户在使用微信公众平台时所产生的一系列心理和行为过程，包括用户订阅、图文阅读、信息查询、取消关注等行为。

由此我们可以看出，用户的接受行为是内在需要在行动上的投射，是心理认同与社会行为的统一。在此我们不妨梳理一下当下用户需求分析常应用的理论和图式。

马斯洛在《动机与人格》一文中提出人的基本需要的 5 个层次的相关理论，包括生理需要、安全需要、归属与爱的需要、尊重的需要和自我实现的需要，之后又加入求知的需要和审美的需要，扩充为 7 个层次的需要。人们为了满足这 7 个层次的需要，就会相应产生获取信息的行为（图 3-2）。②

---

① 唐绪军：《中国新媒体发展报告》，北京：社会科学文献出版社 2014 年版，第 163～171 页。

② 姚学刚：《人类信息接受行为的动因、过程及影响因素研究》，北京大学博士论文 2008 年版。

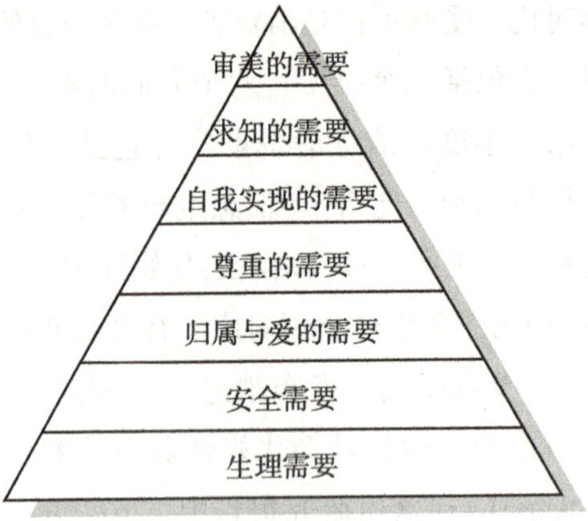

图 3-2　马斯洛人的基本需要 7 层次示意图

东京理工大学教授狩野纪昭整理和推导了一种用于对用户需求分类和优先排序的有用理论（也称 Kano 模型），并将这个理论工具化，以分析用户需求对用户满意的影响，体现了用户需求满足程度和用户满意之间的非线性关系。它包含基本型需求、期望型需求、兴奋型需求、无差异型需求、反向型需求。在此要说明一点，Kano 模型第一次提出了反向型需求，这也为我们研究接受行为开辟了一个逆向研究的视角。Kano 模型并非为直接测量用户满意度的定量工具，而是对用户的不同需求进行区分处理。kano 模型的原理可以最大限度地帮助我们了解用户不同层次的需求（图 3-3）。

另外，Censydiam 用户动机分析模型也是近年来比较受追捧的分析范式，主要用于研究用户行为、态度或者目标背后的动机。该模型的基本逻辑是：用户的需求存在于社会和个体两个层面，面对不同层面的需求，用户会有不同的需求解决策略，通过研究用户采取的需求应对策略，我们可以透视用户内在的动机。其主要内容可以概括为“两维度”“四策略”和“八动机”。“两维度”是指用户的需求存在于社会和个体两个层面。用户经常需要在寻求群体归属和保持自我独立之间进行权

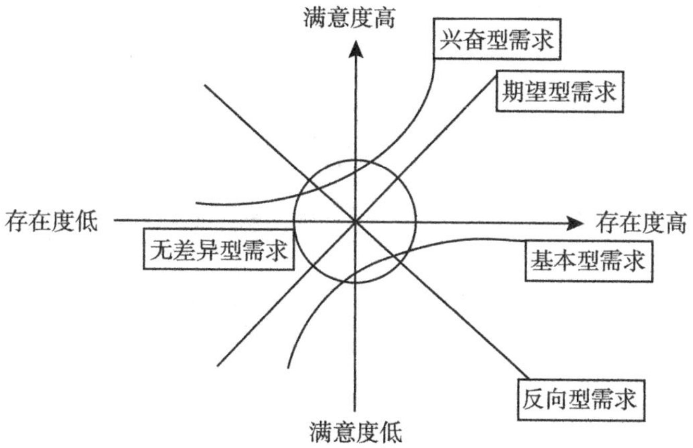

图 3-3　Kano 模型示意图

衡，即群体是个体归属感和安全感的根本来源，同时，个体又需要在社会交往中充分展现自身的个性和能力，以及在与他人比较下获得自尊感和成就感。“四策略”是指个体面对自身客观存在的需求时，可能采取的四种满足策略：在集体中寻找到快乐，从众和谐；回到自己的内心世界，克制欲望；表达成功自我，得到他人的赞许；释放内心欲望，积极享受，探索更广阔的世界。通过用户满足需求的策略可以透视用户的四种最基本的行为动机，即享乐/释放、顺从/归属、理性/控制和能力/地位，分处于模型的四个端点上（图 3-4）。

通过这个模型我们可以发现需求是动机的根源，动机是造成行为的原因，而行为则让需求得以满足。相比需求本身，动机更能够预测用户的行为。根据这个模型有专家学者绘制了以下的接受模型（图 3-5），使我们对接受行为的过程有了更加清晰的认识。

在国内这方面的著述并不多，刘京林教授在《大众传播心理学》一书中曾以《北京晚报》和中央电视台《实话实说》部分节目的新闻报道为依据，考察了新闻媒介对老百姓基本需求的关怀状况，这实际上就是普通受众通过接受新闻信息来从一定程度上满足自己各方面的、各

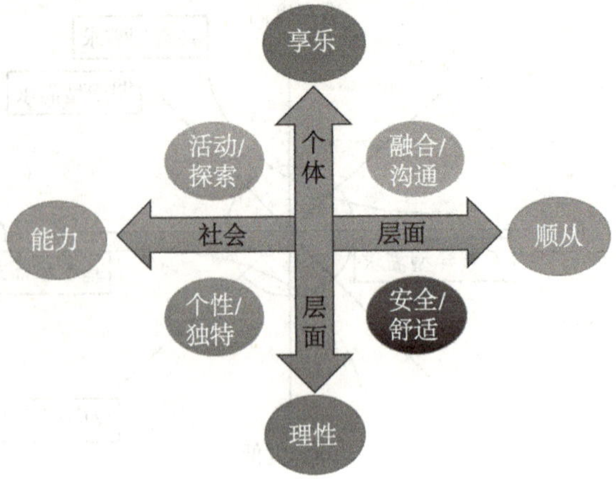

图 3-4　Censydiam 用户动机分析模型

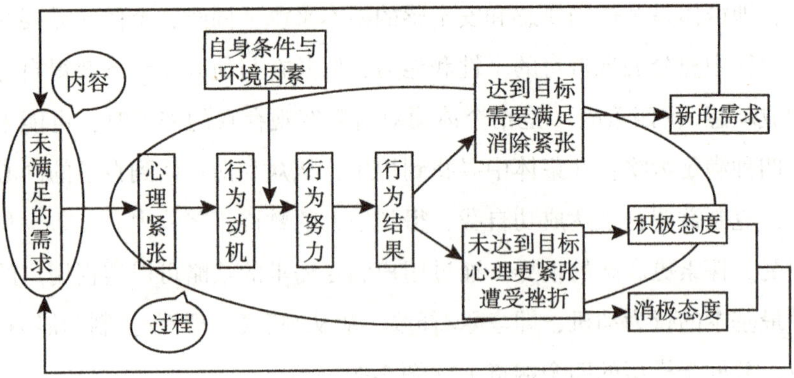

图 3-5　接受模型

层次的需求，这也可算是对于接受行为的一种认识。

借用以上的理论并加以改造，我们可以把高校微信用户的接受行为也作一个导视（表 3-1），既要注意用户需要的心理特征，同时又要兼顾不同时段的接受行为变化。我们将高校用户的接受行为按照接受的逻辑顺序和过程分为以下三个维度：

表 3-1　　高校用户接受行为逻辑顺序与过程

维度	需要层次	行为	行为表现	平台内容
1	接触信息需要	关注、订阅	关注微信公众平台成为用户	基本信息（校园资讯）
2	获得信息需要	查询信息	与平台出现互动的信息交流	查询信息（成绩查询、图书信息）
3	表达信息需要	转发消息	阅读推送消息、点赞、分享、评论	优质图文消息和功能

第二节　高校微信公众平台用户的订阅行为

订阅行为是指用户关注微信公众平台的行为，成为微信公众平台的用户，并接收平台推送的消息，使用其相关功能。作为整体微信公众平台接受行为研究的对象，订阅行为是接受行为发生的基础。从需求层次的角度来观察，订阅行为也是一种选择的过程，基于对微信公众平台提供信息需要的动机而产生的使用行为。作为完整接受行为的开端，订阅行为虽然是一种意识性较强的行为，但就后续的行为而言更具有随机性，其行为可以抽象为简单的是非选择。

目前“河北大学青年”微信公众平台共拥有用户 86041 人，其中绑定用户 78354 人（根据学号进行实名验证）（截止到 2018 年 11 月 20 日下午 3 时止）。

其整体的用户性别分布如下（图 3-6）：

女生人数：49641 人，约占所有用户数的 58%。

男生人数：36400 人，约占所有用户数的 42%。

一、用户获知微信公众平台方式分析

对于问卷中“您一般通过什么方式知道所关注的微信公众账号?（限选 2 项）”这一问题，排在前两位的是“A. 朋友推荐”，占到

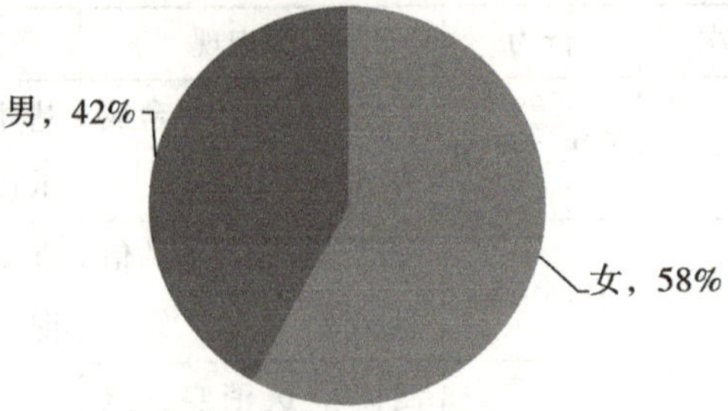

图 3-6　用户性别统计图

41%，“B. 从微博或其他社交网站的信息上看到的”，占到 33%。由此可见微信公众平台作为微信的衍生物，仍然是强关系的链接，朋友和同学的推荐是用户了解微信公众平台的第一步（图 3-7）。

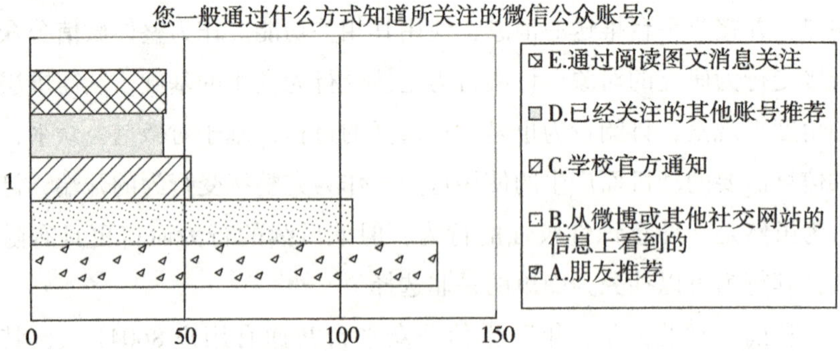

图 3-7　获知所关注的微信公众账号方式统计图

在高校中最大的用户群体是学生，这类人群尤其是同学院、同专业、同寝室的同学联系紧密，沟通密切。腾讯公司发布的《2015 年微信用户数据报告》显示，80% 的微信好友都是在大学及大学之前添加的，大学毕业之后微信好友人数增长不超过 20%，可见学生间传递的信息具有较高的穿透性。在这里，我可以和大家分享一个故事：在 2014 年初“河北大学青年”微信平台试运行阶段，在某个学生宿舍有这样一段真实的对话：

A：哎，你们查成绩了吗？

B：我没去电教室没查。（当时学校的教务系统基于信息安全的考虑，学生只能通过联通校内网的台式机才可以查成绩），你查了？

A：我查了，基本都过了。

B：你咋查的？

A：我用一个公众号，叫“青年”查的。

B：你给我推荐过来，我看看。

通过A同学的推荐B同学了解并关注了“河北大学青年”的公众号，并且因为是熟人推荐，他对陌生媒体或者是媒介的信任程度相对较高。作为强关系社交媒体的代表，微信平台从某一角度来说强化了身份的认同，将相同的身份关系和角色以同一种“关注用户”的方式明确了下来。

二、关注微信公众平台途径分析

腾讯公司在2014年7月开放了微信公众平台用户增长来源的数据，总共有7种方式普通微信用户可关注公众平台，分别为：搜索公众号名称（如搜索“河北大学青年”）、搜索微信号（如搜索“hedaqingnian”）、图文右上角信息、图文页内公众号名称、名片分享和扫二维码及其他。后来随着微信支付业务的不断推广又增加了“支付后关注”等渠道。

通过数据统计，关注微信平台最有效的方式为：搜索公众号名称和扫二维码。38%的用户是通过搜索公众号名称添加关注，26%的用户是通过扫描微信推广图上的二维码添加关注。由此可见，高校微信公众平台也具有企业微信公众平台一样的特点，如在超市中，我们经常见到的以扫“二维码”获赠奖品为营销手段的促销活动。在微信的推广阶段，很多微信平台尤其是高校运营的微信平台往往会依托线下的活动来进行推广，二维码成为最简便的推广渠道，我校开展活动也往往与扫二维码等方式相联系。但是通过二维码添加为平台用户其本身的用户黏性很低，往往会随着活动的结束而取消关注，但是带来的用户增长确实是大量级的。这种方式带来的用户增长数量起伏较大，而且波峰持续的时间短，而通过公众号名称带来的用户增长，虽然也有峰值的出现，但是人数的增长较为持续（图 3-8）。因此公众平台的名称确定显得尤为重要。选取贴近同学们生活的名称，或者直接表现公众平台功能的名称，同时便于熟记的公众号名称有利于用户的搜索。关于订阅人数增长的具体分析将在之后的篇章中展开。

其他几种增长方式从增长的量级上看，无法与前两种方式比较，会偶尔出现个位数量级的增长。

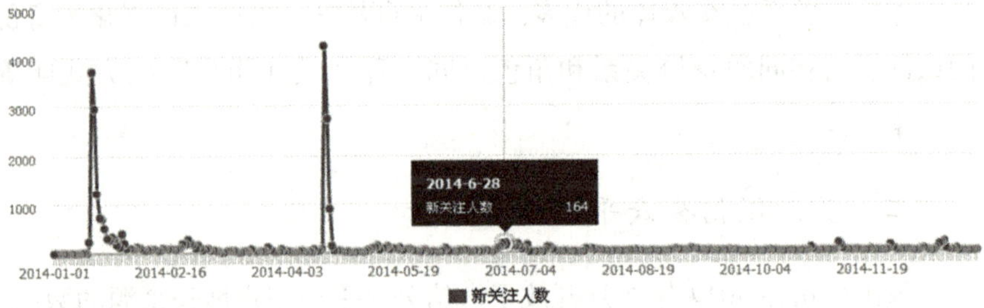

图 3-8　“河北大学青年”微信平台通过微信名称搜索增加的用户统计图

三、用户订阅人数增长状况分析

在本书的概述部分笔者已谈到将流行病学和网络动力学的相关知识引入高校微信公众平台用户接受行为的分析中。在信息科学和医学（尤其是在公共卫生、疾病预防方面）领域，用数学模型帮助发现流行病、传染病的传播机理进而预测传染病的流行趋势已成为共识。英国学者维克托·迈尔-舍恩伯格在《大数据时代》一书中曾举例，谷歌公司员工利用检索词条的数量来预测甲型 H1N1 流感爆发的趋势。目前对于传染病的数学研究模型分为两类：一类是决定性模型，一类是网络动力学模型。在后面的章节，笔者将会运用决定性模型来研究微信平台图文阅读的情况。这里简单介绍下网络动力学模型，网络动力学模型的研究思路是应用复杂网络理论解决网络传播问题，通过仿真平台建立信息传播模型，并实现模型的演化，就现实的数据和仿真实验数据进行比对。①

一般而言，传播问题是对一种首先在系统模拟特定点或一组点上开始发生，然后通过某种媒介或者人群来传播的某种影响的时空描述。②我们可以把信息的接受与传播类比为病毒的扩散与传染。

在流行病学中，将流行疾病的爆发分为四个阶段，分别为：潜伏期、前驱期、爆发期和恢复期，我们可以将微信公众平台受众的订阅行为纳入这个理论框架中，具体解释如下：

潜伏期：由病毒侵入人类或动物机体并进行繁殖，直到疾病的临诊症状开始出现为止，这段时间称为潜伏期。在这个阶段可以理解为受众开始接触信息，还没有产生现实意义的接受行为。受众个体身边已经有朋友、同学接触或使用信息，即将进入信息的场域当中。

前驱期：疾病的征兆阶段，其特点是临诊症状开始表现出来，如一般的疾病都会表现出发热等症状，但该病的特征性症状仍不明显。将其应用于传播学的领域中，可以理解为受一般的好奇心态驱使，受众开始接触信息，但是并没有从心理上来影响行为。受众已经进入信息交互的场域当中，开始出现被动信息接触。

爆发期：前驱期之后，很多有代表性特征、性状相继出现，疾病的特征性症状逐步明显地表现出来，是疾病发展到高峰的阶段。可以理解为受众开始出现有现实意义的接受行为，由被动的接受转变为主动的使用。信息的交互变得更加频繁和密集，无论是信息交互的时间还是密度都相应地有所增加，但是受众对于信息接受的心理接纳程度并不十分坚

① 李彪：《舆情山雨欲来》，北京：人民日报出版社 2011 年版，第 68～69 页。

② ［美］邓肯·J. 瓦茨 2006 年版著，陈禹等译：《小小世界：有序与无序之间的网络动力学》，北京：中国人民大学出版社 2006 年版，第 166 页。

定或明确。

恢复期：经过诊治，疾病发展为恢复期，正常的生理机能逐步恢复。机体在一定时期保留免疫学特性，即受众在使用过程中开始产生互动行为，用户黏度增加，真正地成为平台的粉丝。

以上是利用交叉学科的相关理论所作的简单的模型架构，从更宏观的视角来看，本书认为，高校微信公众平台用户的增长也呈现周期性的变化，呈现非线性的增长方式。为了进一步修正以上理论，使之更加切合本书的研究内容，在此我们统计了订阅人数增长的四个指标：新增人数、取消人数、净增人数和累计人数。利用这些数据重新架构研究中关于用户增长的模型。

以下为“河北大学青年”微信公众平台 2014 年一个样本年内的相关数据（图 3-9），在此说明一点，因为选取的样本在 2014 年正式上线，数据的变化较为明显，一些比较细小的变化都能够显性地表征出来。目前样本的关注人数已经接近 9 万人，数据的基础较为庞大，对于量级较小数据变化不易从统计图中进行表征，我们会用 2015—2018 年的同类统计图作为对比验证。

新增人数：新增人数是指关注微信平台的人数，如图 3-9 所示，人数的增长并没有保持同样的增长速度，在自然年度，上半年新增人数的峰值与谷值相差较大，并且出现了双高峰，振幅要远远高于后半年。在后续年份的观察中我们发现，关注人数的变化也呈现非线性规律。

通过对 2015—2019 年新关注人数的统计（图 3-10），可以发现，2015 年与 2016 年新关注人数的增长呈“凹”字形，即年初和年终关注的人数会高于其他月份，其中在年份中间即六七月也会出现一波小高峰。六七月正是高考进行与填报志愿的时段，通过关注高校公众号也是了解大学的重要途径。而在 2017 年与 2018 年这种规律发生了变化，年初的关注高峰逐渐变得不再明显，反而年度中部出现了明显的增长峰值，年末的增长高峰仍然保持存在，可见用户的关注时间发生了明显的变化。

取消人数：与新增人数相比，取消人数的高峰不同于新增人数的双高峰，只在 4 月 7 日附近出现了一次较高的取消人数。整体来看，取消

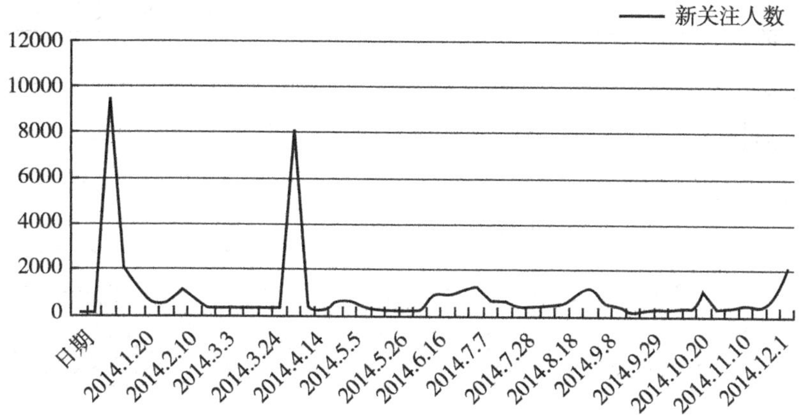

图 3-9　2014 年“河北大学青年”用户新增人数统计图

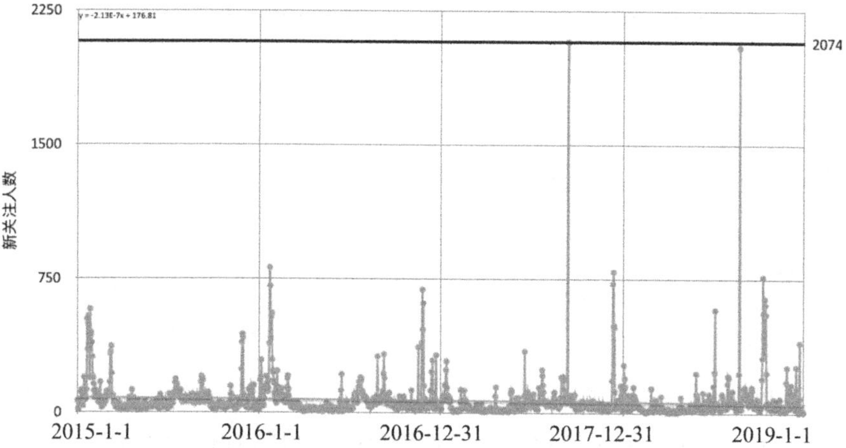

图 3-10　2015—2019 年“河北大学青年”用户新增人数统计

人数曲线变化的波动略小于新增人数。为了便于观察，取消人数的示意图左侧标尺放大至新关注人数的 4 倍（图 3-11）。

通过之后四年的数据汇总，其所呈现的趋势与 2014 年的情况基本类似，通过观察可更加明显地发现取消关注的态势呈“山”字形（图 3-12）。年初、年终、年末都会出现一次取消关注的高峰时段，其

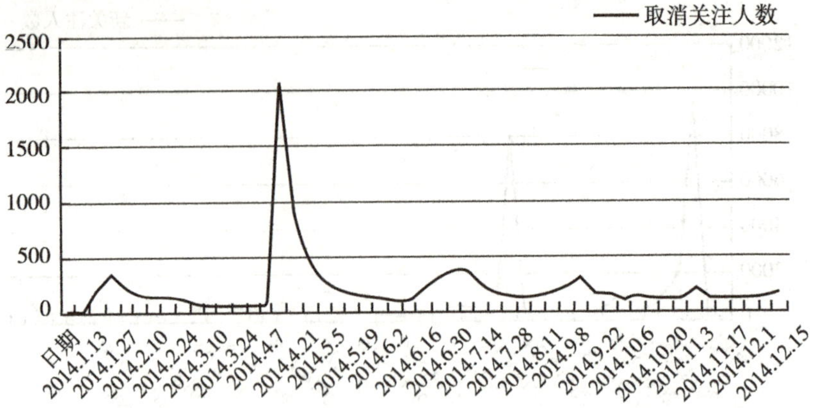

图 3-11　2014 年“河北大学青年”用户取消人数统计图

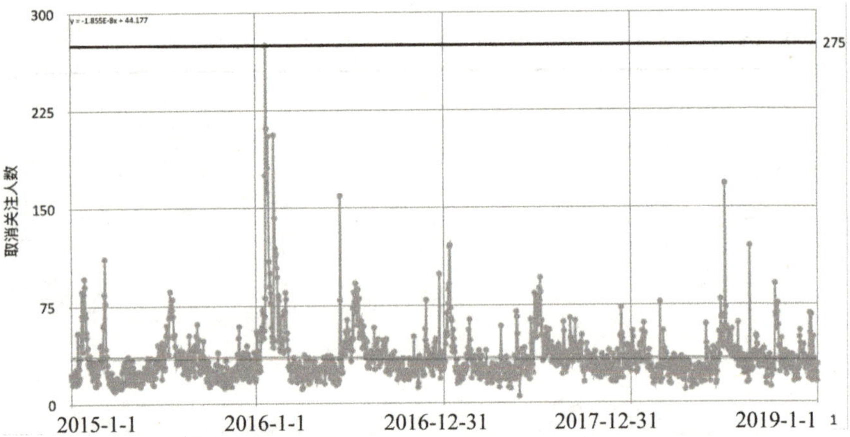

图 3-12　2015—2019 年“河北大学青年”用户取消人数统计图

中年初和年终单位时间的取消关注人数较为突出。通过几年的数据累积比较发现，随着年份的增加取消关注人数呈现出微弱上升的趋势，我们在统计图的中下部标注了一条浅色的参考线，通过观察发现较近年份的取消关注人数比较远年份更加接近参考线，并且取消关注人数的集中程度也有所上升，整体统计图的振幅加大了。我们可以以这样一种媒介发展的视角来思考：对于微信而言，用户的选择行为随意性增加了，或者从另外的意义上讲，对于微信的接受行为更加简单化，出现“在”与“走”的二元判断，其对用户的吸引力正逐渐被新的媒体所分解，用户的需要也逐渐被新的媒介所满足。

净增人数：这个指标是一个计算数值，也是最具有参考性的参照数值，净增人数≈新增人数-取消人数，它是综合考量微信公众平台人数增减变化情况的有效依据。

“河北大学青年”用户净增人数见图 3-13。

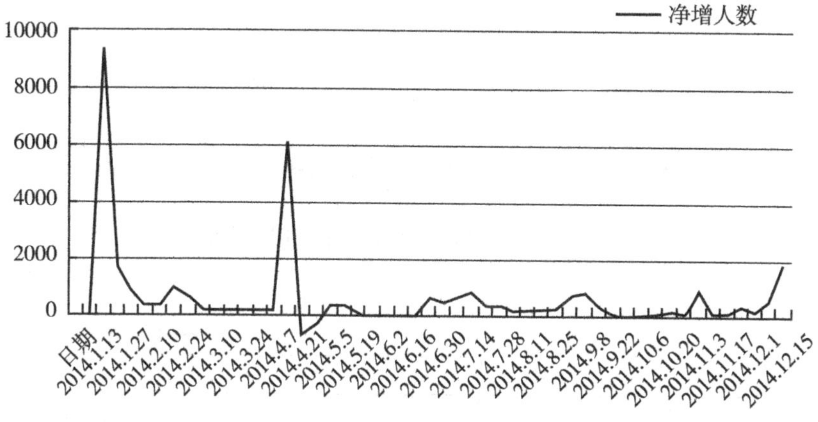

图 3-13　“河北大学青年”用户净增人数统计图

从 2015 年至 2019 年的净增人数统计图中可以看出实际关注人数增长经历了从年初、年末增长到年度中部大量级增长的过程，这反映出平台对于用户的吸引逐渐从功能吸引转变为身份吸引，即新生流量的导入成为平台用户增加的主要因素，这也为今后微信公众账号的推广和运营提出了新的命题与改进的方向（图 3-14）。

累积人数：累积人数是每日净增人数的累加，从更宏观层面表现微信公众平台用户整体的增长状况（图 3-15）。

毋庸置疑，微信平台属于新兴的媒体形态，在短时间内吸引了大批的用户关注。我们采用净增人数和累积人数两个技术指标对平台用户增长情况进行了比较衡量。净增人数是从每日的增长量来体现微信平台的

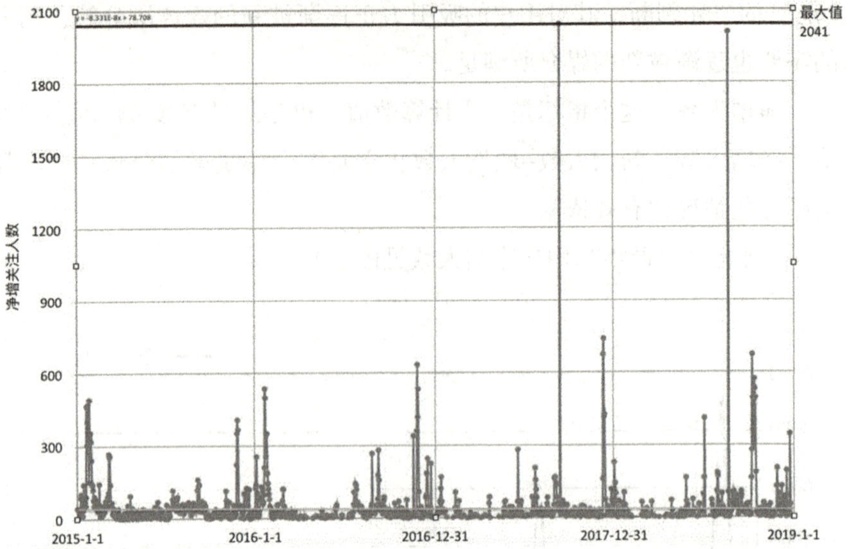

图 3-14　2015—2019 年“河北大学青年”用户净增人数统计图

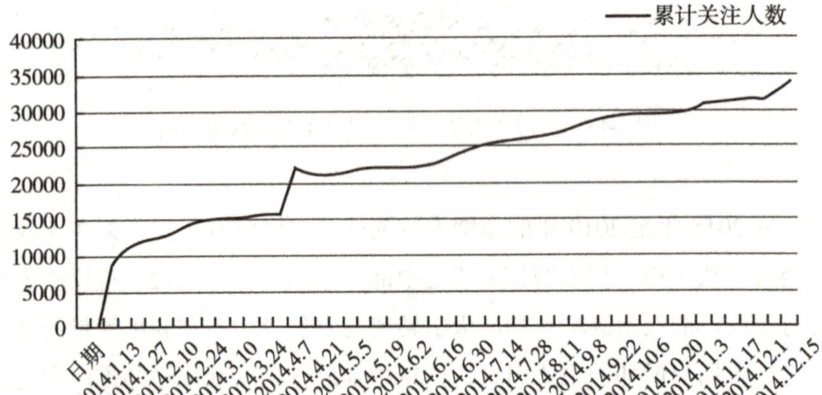

图 3-15　河北大学青年用户累积人数统计图

人数变化情况；累积人数是净增人数的集合，是从宏观上反映微信平台整体用户数量的关键指标。

研究发现，微信平台的用户增长呈现周期性特点，一个周期分为 4 个阶段，往复进行。整体的增长情况呈现“台阶式”的增长，我们以一个周期为例，将 4 个阶段分别概括为：初期快速增长期、平滑增长期、刺激期和震荡期（图 3-16、图 3-17）。

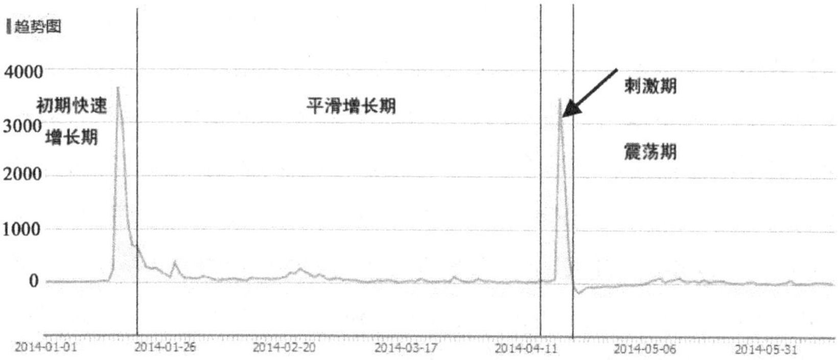

图 3-16　用户新增人数统计图分阶段版

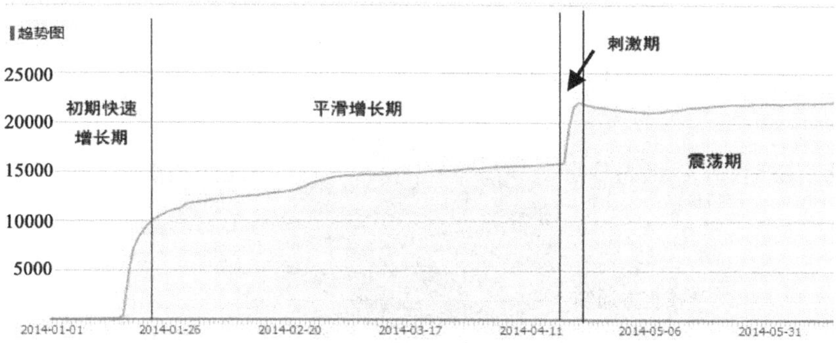

图 3-17　累积人数统计图分阶段版

第一阶段：初期快速增长期

在平台创建初期，由于学生对新生事物的普遍好奇感和对校园内微信平台的期待欲望，一般用户对于新兴的校园公众平台表现了很高的关注度，能够产生快速的用户拉取和粉丝积累。以样本为例，“河北大学青年”微信平台以 UCC 等相关理念为指导，充分考虑用户的需求，自已开发程序、生产内容，集纳了校园中同学们相对关心的信息，吸引了第一个峰值的用户。如：分数查询等功能，满足了学生用户的“信息诉求”，切实解决了同学们的现实需要，将同学们的实际诉求转化成关注微信平台的原动力，产生了实际意义的关注行为。

第二阶段：平滑增长期

基于“长尾效应”的相关理论，随着第一个峰值的结束，用户的增长数不再保持初期的高速增长，而进入缓慢的增长期。在这一阶段中新关注的人数与取消人数呈现此消彼长的姿态，但整体上保持人数的增加。值得注意的是，在这个阶段，在朋辈效应的影响下，同宿舍、同年级、同社团的同学会在相对集中的时间产生接受行为。新用户获知“河北大学青年”微信公众平台主要是通过“口口相传”等人际传播的方式，同学们多以宿舍为单位进行关注和使用，大部分同学是通过同学介绍或微博等社交媒体了解进而关注了“河北大学青年”，并且这个阶段积累的用户与平台建立的是以“获知信息”为目的的强链接，具有较高的用户黏度（图 3-18）。

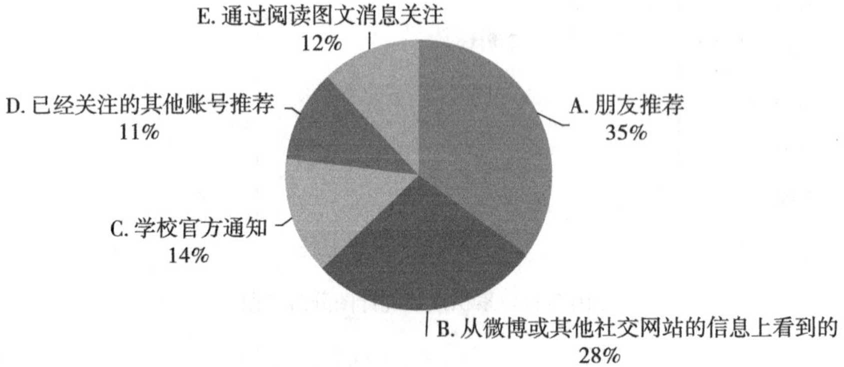

图 3-18　“河北大学青年”用户获知途径统计图

第三阶段：刺激期（再增长期）

对于微信平台运营者来讲，平台的关注人数是最受关注的指标之一，拉取用户、积累粉丝成为微信运营推广最重要的任务，也是奠定高校微信平台影响力的关键要素，用户数的多少直接决定了新媒体平台的传播效果和影响力。如何能够更多地吸引用户、沉淀粉丝成为新媒体平台运营的首要命题。每个新媒体运营平台都会运用各种方法、途径去实现用户的增长。其中，发起投票、开展线下活动是能够快速吸引用户的“神器”。在这个阶段，“河北大学青年”微信平台与其他学校学生组织共同开展了“十佳团支书”的评选活动，尝试用微信平台投票的方式加强与用户的互动，首次尝试“O2O”的互动模式，利用线上线下的各种活动进行用户刺激行为，吸引了大量的受众。我们发现在活动开展的过程中，微信平台的用户数快速增长，但是日常的文章推送的阅读量并未上升，这从一个侧面也反映出这类用户的接受行为目的性相对较强，换而言之，是使用目的的相对单一，对于平台整体的归属感不强。

第四阶段：震荡期

在经历了一系列刺激性的推广活动带来的关注人数快速增长后，平台将经历相当一段时间的恢复震荡期。这个阶段的用户数会出现明显下滑，很多关注者（尤其是为了投票而关注的用户）并不关心平台内容与功能，随着活动的结束会选择取消关注。下滑的趋势类似股票交易市场的“跌停”现象，当下滑的趋势触底时，会出现类似第二阶段的平滑增长。但整体上刺激性活动带来的仍然是用户数量“大量级”的增长。在“十佳团支书”评选活动后，作为样本的微信平台也出现了下滑，流失的用户数约占当时用户总量的10%。震荡时间持续了约1个月，才使用户数呈现出增长趋势。

为了进一步验证我们提出的“四阶段增长”理论，笔者还特意将河北大学其他两个主要校园微信公众平台——“河北大学青年通讯社”和“河北大学校学生会”的数据进行对比。前者是河北大学校内规模最大的校园媒体，后者是我校最具规模的学生组织（图3-19、图3-20）。

这两个微信公众平台用户增长也呈现出类似于台阶式的增长，值得注意的是，“河北大学校学生会”微信平台建立的时间比较短，因此本身用户的忠诚度很低，黏度差，所以其震荡期显得略长，对于用户流失这一负能量的消解时间也更长。

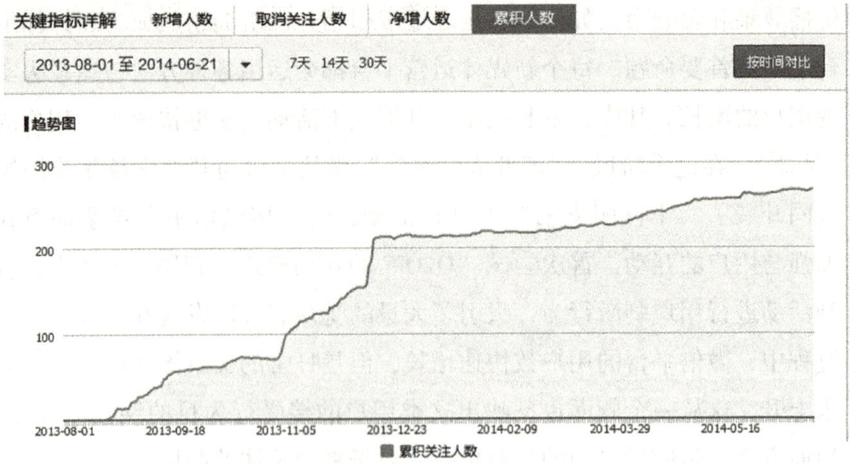

图 3-19 “河北大学青年通讯社”累积人数

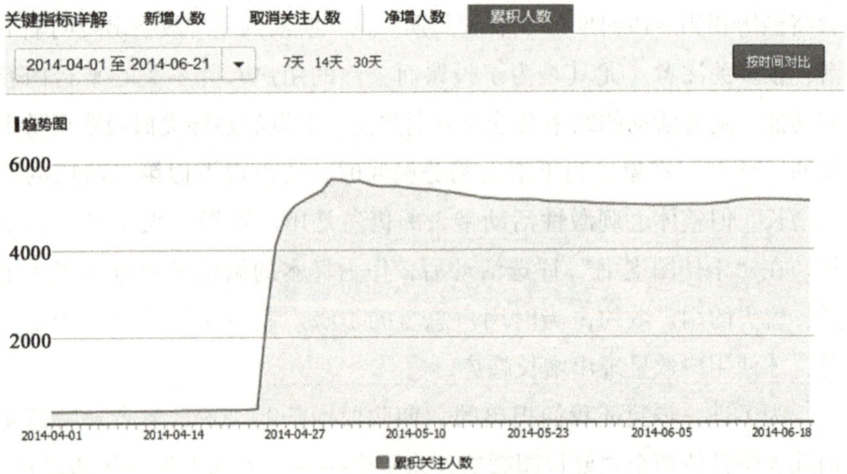

图 3-20 “河北大学校学生会”累积人数

我们把目光再次聚焦回“河北大学青年”公众账号，通过 2014 年之后 5 年的数据统计，基本印证了“台阶式”增长猜想，随着年份的发展，用户增长的态势也不再像微信平台刚刚上线时那样迅猛，我们再次用浅色的线画出了参考线，发现自 2016 年后参考线下方的用户增长的时段变长，出现在参考线下方的部分变多，这也表明除了大规模、短时间的增长后，后续时段的增长略显乏力，相对数量单位增加需要的时间周期也更长（图 3-21）。

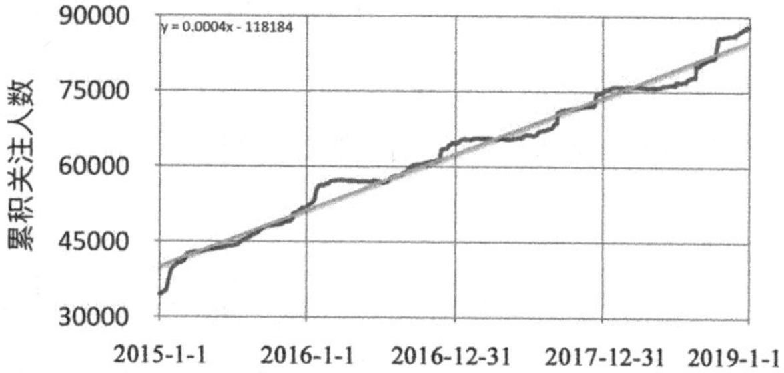

图 3-21　“河北大学青年”用户累积关注人数统计图

在上述的研究过程中，通过对相关情况的调研以及数据的研究，可以得出校园微信公众平台的用户主要以在校师生为主，用户关注量的上升主要是围绕着校园的发展，尤其是新生入学等关键时间节点所进行，校园公众平台的运营者可以根据粉丝的关注情况及时调整自身推广及运营策略。

第三节　高校微信公众平台用户的信息查询行为

高校微信公众平台用户的信息查询行为是指用户通过微信平台实现消息的发送、回复等信息互动行为。

我们将从信息查询的时间、频次和内容三个方面来量化用户的信息查询行为。

一、信息查询时间分布研究

在每日的阅读中我们抽取了微信公众平台 2014 年每月 5 日、15 日、25 日 12 个月共 36 个样本日的接口分析数据，在“小时报”数据中，利用 Photoshop 软件，将所有样本图表按照 50%的透明度叠化在一个图中，可见每日时间集中在三个峰值：9—12 时、16—18 时、22 时。

在问卷中，有超过半数的同学倾向于 21：00 以后使用微信，这与大学生特殊的休寝制度有很大的关系。21 时以后，同学们基本结束了一天学习任务，这一时段时间相对充裕，同时在宿舍等固定场所内，联网方式从移动数据变为 Wifi 连接，也为同学们进一步使用微信平台奠定了基础，使同学们能够充分地使用微信公众平台的功能，同时接触信息的形式也从单一的文本向图文、音视频转变（图 3-22）。

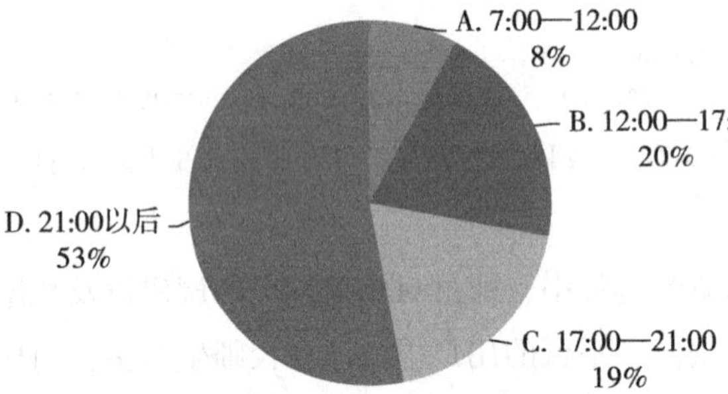

图 3-22　平台用户使用微信时间分布图

我们对用户的使用时间也进行了问卷调查，结果见图 3-23。

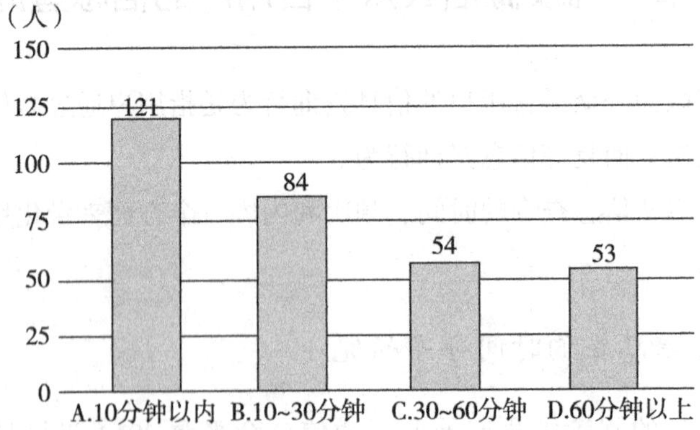

图 3-23　每天使用微信的时间

近一半的同学使用微信的时间在 10 分钟之内，大家对微信平台的使用仍在逐渐熟悉的过程中，碎片化的使用现象更加明显。同时，高校微信公众平台的用户在使用过程中，不仅仅满足于微信的基本通信功能，通过微信公众平台搜索相关信息也成为他们选择微信公众平台的目的之一（图 3-24）。

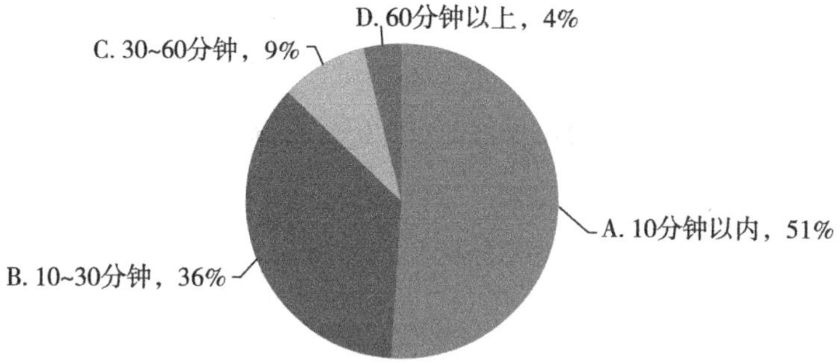

图 3-24　每天使用微信浏览公众账号信息的时间

同时我们还选取了全年每月第一周、第三周，共 24 个样本周的周报表，其中图文页阅读人数较高的天数，排在前三位的是：周六、周五、周三。

二、信息查询次数和人数规律研究

作为新型媒体平台，用户的活跃度是检验微信公众平台用户接受行为的有效指标。我们选取了以下三个评价数据：每日消息发送人数、消息发送次数、人均发送次数。“河北大学青年”微信公众平台 2014 年全年共实现信息发送人数 596076 次，信息条数 1584190 次。

其中，发送人数见图 3-25；

发送次数见图 3-26；

发送次数分布见图 3-27；

人均发送消息次数见图 3-28。

如图 3-28 所示，整体微信用户的活跃度不高，平均每人每天的发

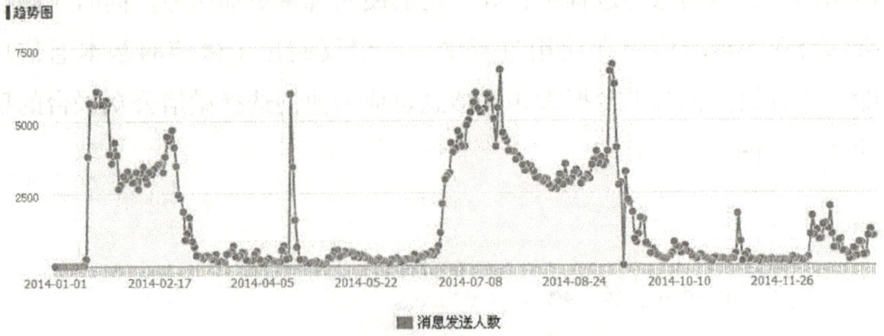

图 3-25　2014 年消息发送人数统计图

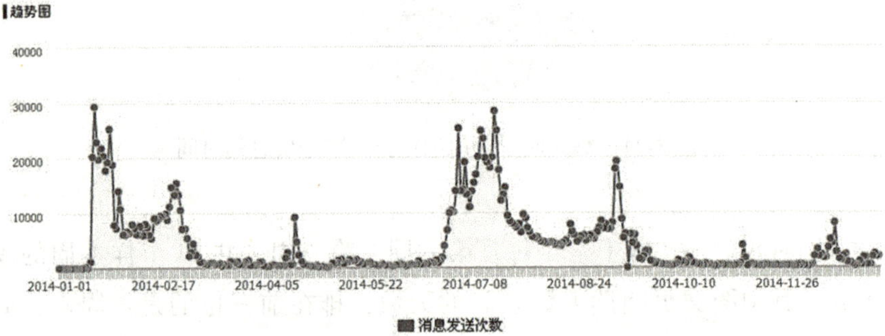

图 3-26　消息发送次数统计图

消息发送次数	消息发送人数	占比
1~5次	535,460(89.94%)	
6~10次	44,266(7.43%)	
10次以上	15,652(2.63%)	

图 3-27　发送信息次数分布图

送次数为 2.45 次。

由数据可知，在为期一年的微信平台运营中，假期的用户活跃度要明显高于在校期间，放假初期和末期活跃度高于放假中期，在校期间学

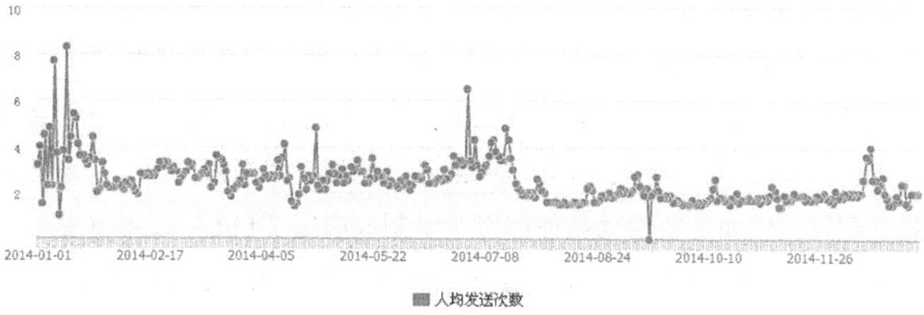

图 3-28 人均发送消息次数趋势图

期中部时间活跃度有比较明显的提升。在平台的运营初期用户的使用次数波动比较大，经过了暑假的调整，在后半年用户的使用行为逐渐向常态化、稳定化发展，究其原因有以下三点：

①由于受校内网的限制，假期同学们在家无法登录校内网，微信平台成为同学们唯一可以实现校内信息查询的渠道，所以假期的活跃度较在校期间有明显的提升。高校微信公众平台的用户具有信息需求上的一致性，这种一致性填补了受众因喜好、年龄而产生的知识代沟，用户对于微信平台所提供的功能有相同的信息诉求，在校期间用户可通过多种方式获得校内信息，而假期中这种需求仍然存在，并且形成了类似的“信息孤岛”，对校内信息（如成绩信息）的渴求更加急切，因此假期的活跃度较学期中有较为明显的增加。

②学期中部往往是学校各类活动开展的阶段，活动的开展相应地带来了平台的活跃度。随着新媒体行业发展的不断扩大，“O2O”模式成为助力平台发展、增加粉丝关注量的主要手段，“O2O”模式联通了用户线上和线下活动，打破了孤立的互联网活动和现实活动的壁垒。在高校中，各类社团活动成为学生在校期间生活的重要组成部分，而各类学生组织和社团也纷纷试水微信平台的建设，并且积极利用微信公众平台宣传、开展活动，很多的社团把活动的两端，即前期宣传、报名工作和后期的评选放在微信平台开展，中期活动的进行则在线下开展。同时高

校的微信公众平台又和同学们的课业安排紧密相连，在学期中部，课业负担较轻，因而大量社团活动的开展也促进了微信公众平台活跃度的增加。

③开展评教等实名身份绑定活动仍然是提升用户活跃度的有效途径。高校微信公众平台一般承担服务类的性质，随着功能的不断扩展和完善，很多功能向教学、教务领域偏移，例如：图书借阅服务、教务信息查询等，然而这些活动往往都以实名制或应用“LBS”技术（基于位置服务）作为准入门槛。随着 ICT 技术的发展、Web2.0 理念的深入，高校微信公众平台凭借其高黏度的用户关系使得在线和离线生活更加融合，同时微信公众平台提供应用编程接口，使跨网站数据共享成为可能，因此高校微信公众平台的用户不再是传统意义上的“匿名”用户，反而通过使用同一 ID 登录或身份认证展现出了相对固定和真实的身份。这种网络化用户的“网络实名”往往具有更积极的参与意识和传播效果。①

我们可以把微信公众平台的用户结构看成是近似的“小群体现象”。社会科学中，小群体现象是社会学、网络动力学研究的重要内容之一（小群体是指人数不多、相对稳定、有共同目的、相互接触较多的联合体），社会学从小群体在整个社会关系系统中所占据的位置出发，分析小群体与大环境、各个小群体之间以及小群体内部各个成员之间的关系。② 需要特别说明的是，在解释网络结构时，网络的凝聚性成为重要的解释变量，亦称凝聚子群，它有以下四个研究角度：

①关系的互惠性；

②子群成员直接的接近性或者可达性；

③子群内部成员之间关系的频次；

④子群内部成员之间关系密度相对于内、外部成员之间关系的密度。③

---

① 何威：《网众传播》，北京：清华大学出版社 2011 年版，第 98 页。

② 刘军：《整体网分析》，上海：格致出版社 2014 年版，第 18 页。

③ 刘军：《整体网分析》，上海：格致出版社 2014 年版，第 18 页。

在此我们可以把高校微信公众平台看做一个小群体，其成员关系的频次和密度也能够测量微信凝聚度。我们应用 SPSS 软件和 Ucinet6.0 软件，根据全年 52 个自然周的信息发送人数、发送次数和微信公众平台的用户增加人数，可画出网络结构关系分析图。

首先我们对用户增加人数和信息发送次数进行相关性分析：

通过软件检验，新关注的人数与信息发送次数的相关系数为 0.370，P 值小于 0.001，在 0.01 水平时（双侧）相关性是显著的，因此用户的人数增长和用户的信息发送次数呈现相关关系（表 3-2）。在 Ucinet6.0 软件中，我们将新增用户人数定义为微信公众平台的流入量，取消关注人数定义为流出量，以周为单位，整理出了订阅人数流动矩阵（52×52），绘制用户增长关系结构图（图 3-29）。该图是每节点（周）的度数（流入一次和流出一次均视为 1 度）自动生成的位置分布，度数越高的节点越接近中心位置，产生更多的联系，占据较有利的位置。

表 3-2 **用户增加人数与信息发送次数相关性分析图**

相关性

		新关注人数	消息发送次数
新关注人数	Pearson 相关性	1	0.370**
	显著性（双侧）		0.000
	N	364	364
消息发送次数	Pearson 相关性	0.370**	1
	显著性（双侧）	0.000	
	N	364	364

**：在 0.01 水平（双侧）上显著相关。

从图 3-29 中可以发现，处在“刺激期”阶段（43～50 周）的节点，占据了较为中心的位置，信息发送量较大的节点建立的关系更加紧密。信息发送次数的增加能够增强微信平台的凝聚力，吸引更多的受众加入。

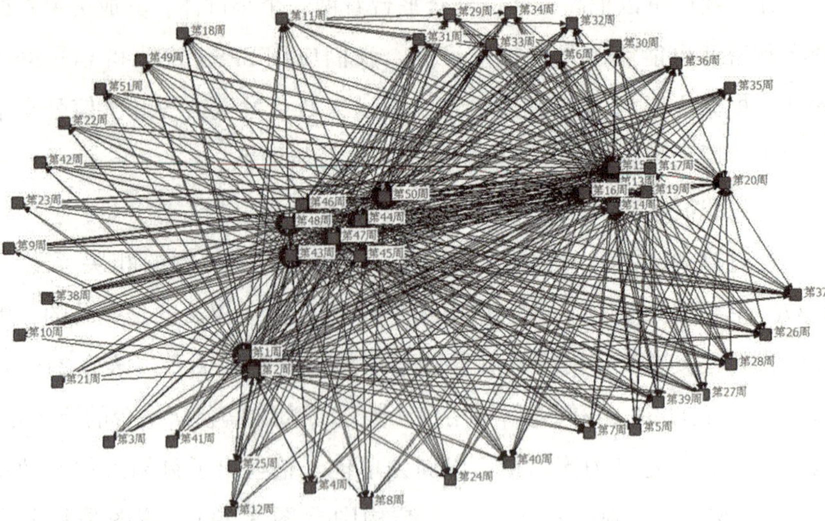

图 3-29　用户增加与信息发送关系结构图

我们把视野放大到之后的四年，通过 2015—2018 年的发送人数、发送次数和人均消息发送次数统计图可以看出，2015—2018 年整体的数据态势与 2014 年较为相似，每年在寒假和暑假出现两次使用高峰，人均发送次数比 2014 年的数据略有下降。同时我们也发现在 2018 年的数据中，出现了发送人数和发送次数的明显下滑，高峰点的数值只达到 2017 年峰值的一半，人均发送次数与其他年份相比相对稳定。可见 2018 年成为微信平台用户运营的拐点。随着 00 后陆续步入大学校园，其对新媒体的使用习惯又发生了变化，QQ 与抖音等媒介的成功推广带来了对微信强大的挑战，使得 2018 年的数据较以往有了明显的变化(图 3-30、图 3-31、图 3-32)。

三、信息查询的内容特征研究

“河北大学青年”微信公众平台分为三大板块、15 个子板块，可提供学习、生活和工作等 33 项功能，最受同学们欢迎的功能是成绩查询。“河北大学青年”微信公众平台 2014 年全年共完成成绩查询近 66 万次，约占全年信息查询量的 41. 7%（图 3-33）。

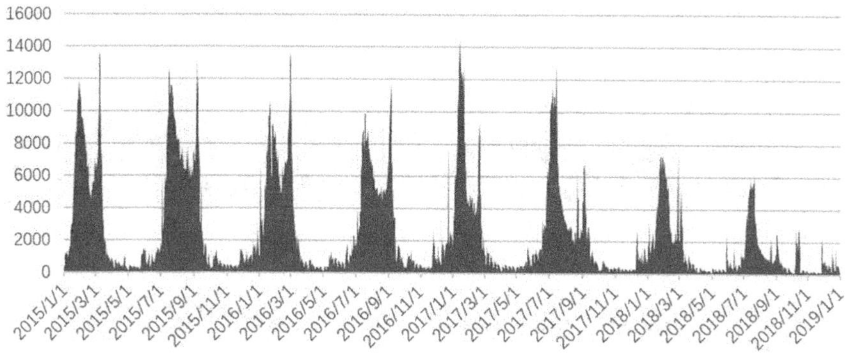

图 3-30　2015—2018 年消息发送人数统计图

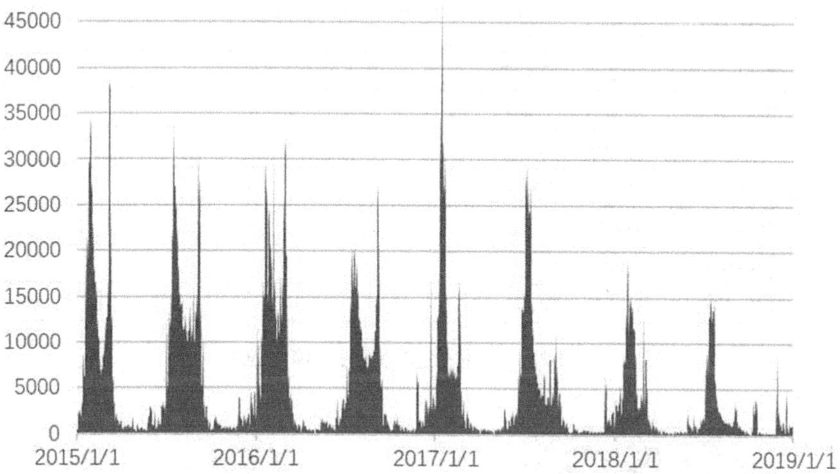

图 3-31　2015—2018 年消息发送次数统计图

在问卷中同学们对于信息的需求见图 3-34。

问卷显示，对校内信息的获取仍然是同学们使用微信平台的最主要诉求。成绩查询、图书、学习方法和讲座等信息是最能吸引同学们使用的功能（图 3-35）。

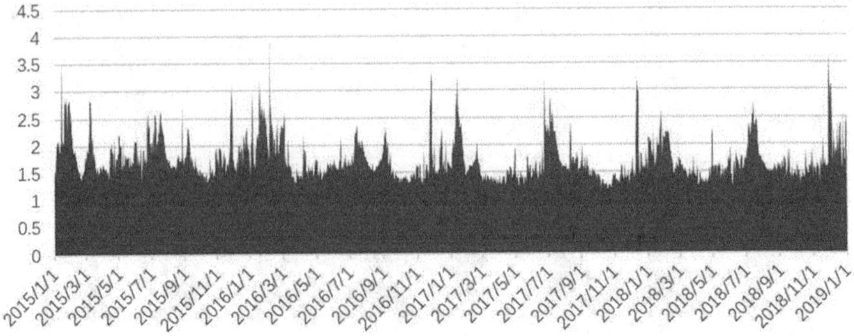

图 3-32　2015—2018 年人均消息发送次数统计图

排行	消息关键词	出现次数	占比
1	查分	368 484	
2	成绩查询	291 281	
3	我的课表	71 888	
4	菜单	34 212	
5	绑定学号	28 930	
6	评教	21 605	
7	选课信息	11 854	
8	选课查询	8 960	
9	修改密码	5 305	
10	我的学号	5 037	

图 3-33　查询消息关键词（前十位）

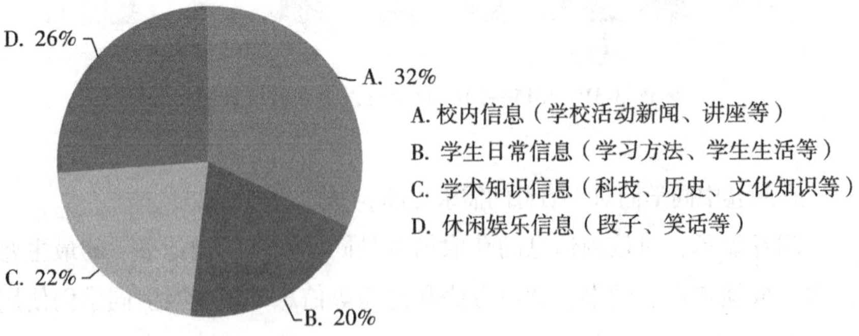

图 3-34　信息需求分布图

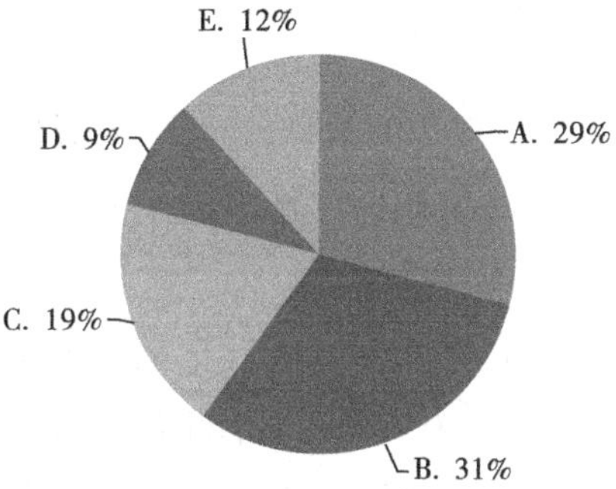

图 3-35　您认为学校官方微信公众平台应该具有的功能或者您希望具有的功能是什么？（可多选，不超过 3 项）

第四节　高校微信公众平台用户的图文消息阅读行为

微信公众平台每日推送的消息称为图文消息，推送的消息类型包括：图片、文字、音频、视频和投票等，订阅号每日可推送 1 次（1 次最多包含 8 条），服务号每月可推送 4 次。目前推送消息的图文转化率是衡量微信传播效果的重要指标。图文转化率是指推送消息被有效阅读的比率，即阅读人数/到达人数（订阅人数）。① 其阅读行为不仅局限于简单的阅读，还包括点赞、分享和评论。可以这样说，阅读行为是一个过程，如果说用户的消息查询行为是组织或群体内部的信息流入和输出，那么阅读图文消息的分享行为则达到了沟通群体内部与外部的目的。从这个意义上讲，这也印证了通过分享行为可以突破微信公众平台的边界，延伸了信息传播的长度，拓展了广度。

目前全国各大高校的微信公众平台基本属于订阅号，每天只能推送一条图文消息。笔者通过分析用户对于图文消息的阅读行为和图文转化率，发现用户的阅读行为呈现以下特点：

① 赵黎：《微信终极秘籍》，北京：电子工业出版社 2014 年版，第 56 页。

一、用户阅读行为呈现横“M”形分层特点

图文消息在推送的首日和次日（如5日推送的消息，5日、6日阅读的人数最多）打开的人数构成阅读人数的主体。首日阅读率能够预测次日阅读情况，前两日的阅读情况呈现分层现象。

在图3-36中，分别提供了图文消息推送的人数、阅读次数、分享人数和图文转化率，折线代表日阅读人数，从图中可明显看出前两日的阅读人数构成图文消息阅读人数的主体。为了便于SPSS软件进行分析，本书将前两日阅读人数进行比较，设立一个比较变量：次日首日差（次日首日差=首日人数-次日阅读人数）来进行首日阅读人数与次日阅读人数的比较。

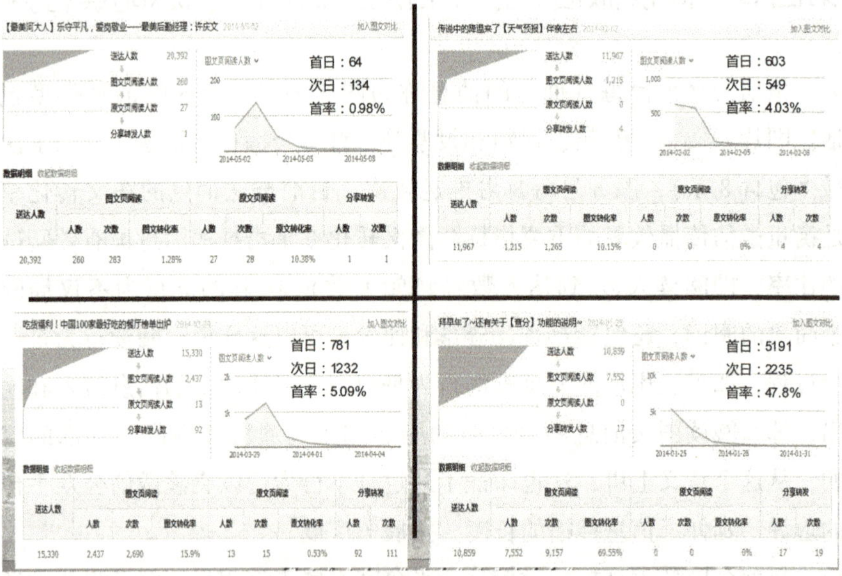

图3-36　图文消息阅读人数统计图

研究发现，次日首日差与首日阅读率呈现以下形态分布：

根据此次选取的240个样本，利用SPSS软件进行聚类分析，分为4个有效区间。首日阅读率与次日首日差所表征的关系类似于地理学中

“大气气温垂直分布”，呈“M”形分布（图 3-37、图 3-38）。

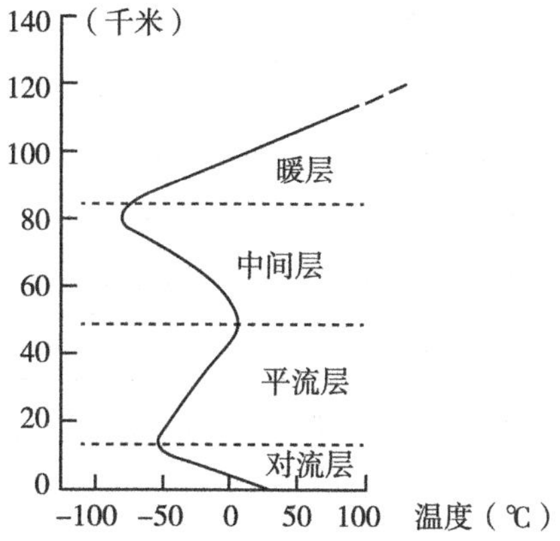

图 3-37 大气垂直气温分层变化图

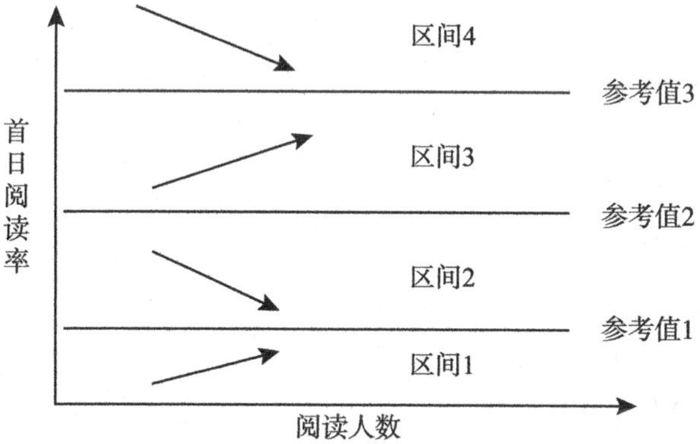

图 3-38 首日阅读率与次日首日差的区间关系

在地理学中，随着海拔高度的增加，大气的气温也随之发生变化，呈现“M”形变化趋势，在不同的分层中，气温与海拔高度的相关性也不同。借用这个结构，笔者也对首日阅读人数和次日阅读人数的变化进行了区间的划分。

首先对首日阅读率和次日首日差进行了相关性分析（表 3-3 和图 3-39）。

表 3-3　　　　首日阅读率和次日首日差的相关性分析

		首日阅读人数	次日阅读人数
首日阅读人数	Pearson 相关性	1	0.760**
	显著性（双尾）		0.000
	N	497	497
次日阅读人数	Pearson 相关性	0.760**	1
	显著性（双尾）	0.000	
	N	497	497

**：在置信度（双侧）为 0.01 时，相关性是显著的。

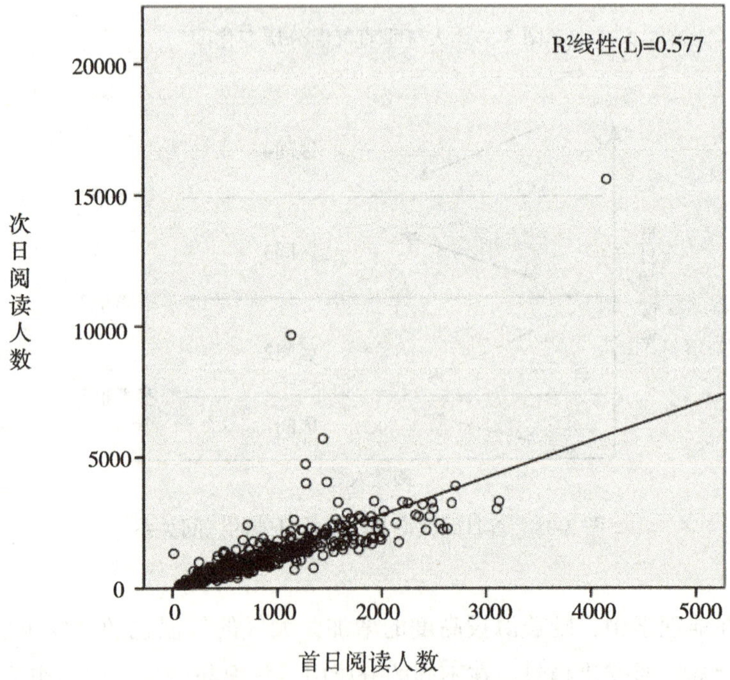

图 3-39　首日阅读人数与次日阅读人数的散点图

表 3-3 的结果显示，首日阅读人数与次日阅读人数的简单相关系数为 0.760，P 值小于 0.001，表明首日阅读人数与次日阅读人数（整体）

之间为显著的相关关系。

以“河北大学青年”平台为例，笔者对数据进行了聚类值分析，三个首日阅读率的聚类参考值分别为：1：3.3%，2：4.96%，3：8.8%。

然后我们对不同的区间又进行了相关性的验证，都呈现明显相关的结论。这四个区间里首日阅读人数与次日阅读人数的关系为：

第一、三区间：首日阅读率未达到参考值1（或在参考值2、3之间），那么次日首日差呈正值，即次日阅读人数超过首日。

第二、四区间：首日阅读率在参考值1与2之间（或超过参考值3），那么次日首日差呈现负值，次日阅读人数少于首日阅读，并且首日阅读率越接近参考值线，这种趋势越明显。通过分析，我们可以利用第一天的数据来对图文消息的初期传播效果进行预测。

二、首日阅读率对于整体的图文转化率具有预测作用

笔者利用SPSS软件进行了相关性分析（表3-4、图3-40），皮尔逊系数为0.932（在0.01水平上双侧显著相关），结果表明首日阅读率和图文转化率有十分显著的相关关系。

表3-4　**首日阅读率与图文转化率相关性分析**

		首日阅读率	图文转化率
首日阅读率	Pearson 相关性	1	0.932**
	显著性（双侧）		0.000
	N	240	240
图文转化率	Pearson 相关性	0.932**	1
	显著性（双侧）	0.000	
	N	240	240

**：在0.01水平（双侧）上显著相关。

2014年被很多互联网业界人士称为大数据元年，大数据的理念为

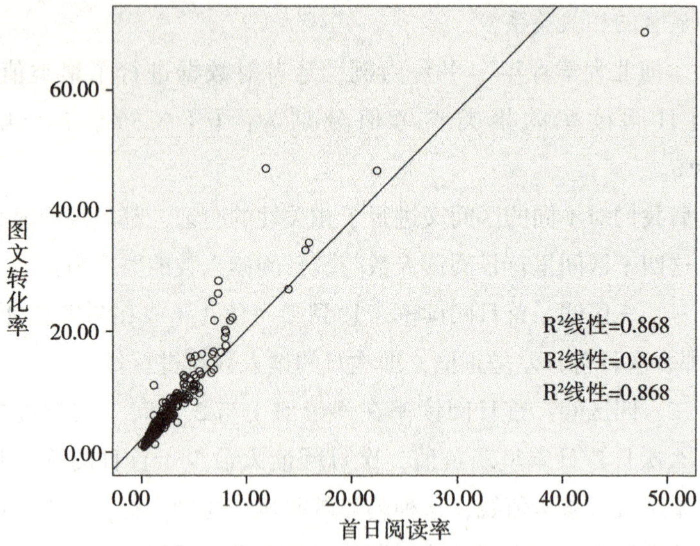

图 3-40　首日阅读率与图文转化率相关性分析散点图

许多领域分析、解决问题提供了新的范式。大数据的核心就是预测。①在传统媒体中，对于传播效果的预测和检验仍然是一个软肋，传统媒体只能通过订报数、收视率来评估信息的传播效果，而在新媒体环境中，微信公众平台可公布连续一周的每日图文转化率。在研究中笔者发现，图文消息的首日阅读效果是反映图文转化率的“晴雨表”，呈现出较强的线性关系。如果我们对首日阅读率与图文转化率的关系进行研究，就能够提前预测图文消息的阅读效果，为微信公众平台的运营提供参考资料。

三、图文消息的转发、分享行为成为影响用户阅读行为的重要因素

随着平台用户数的扩大，图文阅读的人数与次数逐渐出现分离的态

① ［英］维克托・迈尔-舍恩伯格、肯尼思・库克耶著，盛杨燕、周涛译：《大数据时代：生活、工作与思维的大变革》，杭州：浙江人民出版社 2013 年版，第 16 页。

势，阅读次数与阅读人数所夹的面积不断扩大。其原因主要是由于用户分享转发行为的增加，使得信息的二次传播现象出现。原本在平台用户内部共享的信息，拓展到了平台以外，使得非平台的受众得以阅读并加以传播（图 3-41）。

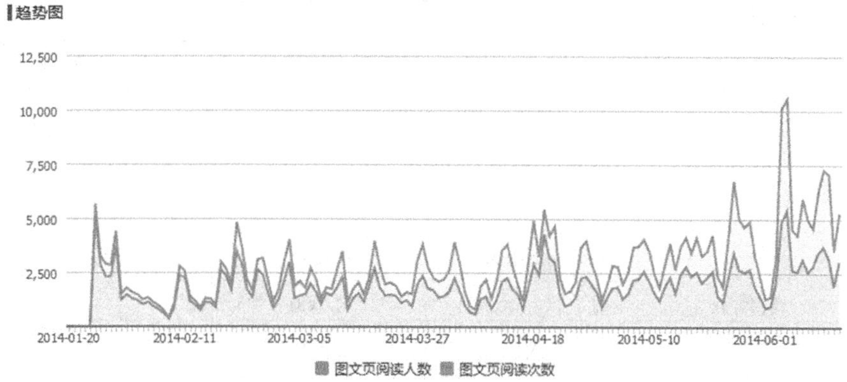

图 3-41　图文消息阅读人数与阅读次数

在分享行为中，分享转发的路径主要为朋友圈和转发给好友，比率分别为 66. 57%和 25. 59%。相对真实的传播对象也促进了信息的有效传递。同时我们可以发现微信平台的边界是可以突破的，多个网络之间可以进行彼此连接，实现信息传递，每一个用户都是一个节点，每一个节点都可以形成一个自我中心的网络（表 3-5）。

表3-5　**微信平台分享转发路径分布（2014年1月1日—2014年12月31日）**

途径	分享转发人数	分享转发次数
朋友圈	17476(66.57%)	22064(65.68%)
好友转发	6717(25.59%)	9063(26.98%)
其他	1795(6.84%)	2146(6.39%)
腾讯微博	255(0.97%)	306(0.91%)
历史消息页	10(0.04%)	13(0.04%)

我们对转发数和图文转化率的两项指标进行了 SPSS 软件的相关性

分析（表 3-6、图 3-42）。

表 3-6 的结果显示，转发数与图文转发率的简单相关系数为 0. 785，P 值小于 0. 001，表明转发数与图文转发率之间为显著的正相关关系，并且呈现了强烈的相关关系。

表 3-6　　图文转发数与图文转化率的相关性分析

		图文转化率	转发数
图文转化率	Pearson 相关性	1	0. 785**
	显著性（双尾）		0. 000
	N	497	497
转发数	Pearson 相关性	0. 785**	1
	显著性（双尾）	0. 000	
	N	497	497

**：在置信度（双侧）为 0. 01 时，相关性是显著的。

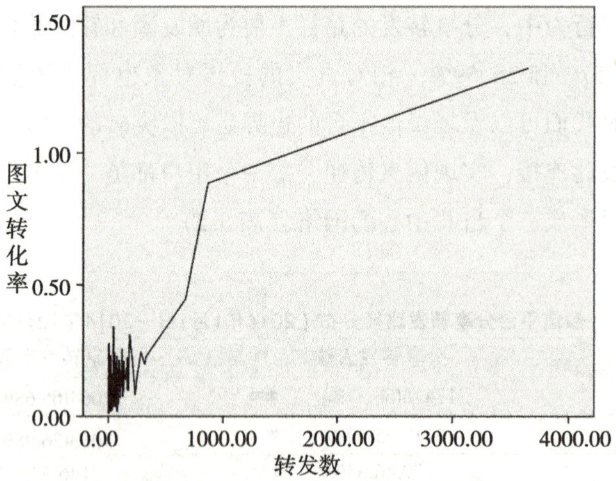

图 3-42　图文转发数与图文转化率的相关性分析散点图

通过以上分析，我们基本可以这样来概括，即图文消息的首日阅读率能够提前预测图文信息的转化率，分享行为是提高图文转化率的有效措施。我们对这两个数据与图文转化率可以进行公式化的表述。下面我们对这三个变量进行线性回归分析，将首日阅读率和转化率视为自变量，图文转化率视为因变量，可得出以下回归方程。

表3-7的回归分析结果表明，转发数的系数为0.037，P值小于0.001，表明转发数对图文转化率有显著的正向促进作用。首日阅读率的系数为1.013，P值小于0.001，表明首日阅读率对图文转化率有显著的正向促进作用。其回归方程为：

表3-7　**图文转化率与转发数和首日阅读率的相关性分析**

模型		非标准化系数		标准系数	t	显著性
		B	标准错误	贝塔		
1	（常量）	3.974	0.278		14.279	0.000
	转发数	0.037	0.001	0.739	32.352	0.000
	首日阅读率	1.013	0.064	0.363	15.887	0.000

因变量：图文转化率。

图文转化率≈3.974+3.7%×转发数+1.013×首日阅读率（标准误为0.001和0.064）

该方程表示，当转发数增加一个单位时，图文转化率会平均增加0.037个单位。当首日阅读率增加一个单位时，图文转化率会平均增加1.013个单位。

之前的研究发现，转发行为能够提高图文阅读率，但是图文消息的阅读是一个过程，因此图文消息的转发也是一个动态的过程，在这个过程中，微信的转发行为也与之前研究较为深入的微博信息的转发有很大的区别。上文提到，本书将利用流行病学和网络动力学等交叉学科的知识来对微信转发行为的过程和影响因素进行初探，这种图文消息的转发和再阅读行为可看做一种传染介质不断扩散的过程。

目前随着网络技术的不断发展，很多学者从数学建模的视角出发来研究传染病及流行病学的传染方式。① 这一观点被信息科学，尤其是计算机科学的研究者们广泛应用于计算机、手机病毒的扩散领域。目前较为常见的流行病学模型有以下三类：SI 模型、SIR 模型和 SIS 模型。流行病学研究经历了从 SI 模型到 SIS 模型不断完善的过程。

这三类模型都假定某一地区的人数为固定的常量（即微信公众平台关注的人数，在固定时间内是一个常量），将人口（受众）视为在连续介质中均匀分布，总人口由易感人群（Susceptible，用 S 表示）和被感染者（Infected，用 I 表示）组成，被感染者已经被感染但同时又能继续传染别人，这就是 SI 模式，这种模式也被称为阻滞增长模式（Logistic），但是有一部分感染者经过治疗可以治愈，并且形成抗体，恢复了免疫力，不再被感染，即流行病学当中所谓的“移出”（Removed，用 R 表示），这就是 SIR 模式，现实社会中常见的水痘、腮腺炎就是这种模式。后期发现，一些流行病治愈后仍可被再次感染，不具备免疫力，因此在人群的分组上又重新划分为：未患病可被转染（Susceptible）、病人且可传染别人（Infected）、治愈但仍会感染（Susceptible）三类，这就是 SIS 模式。也有学者鉴于网络传播的复杂性，提出了网络病毒传播的 SIRH 模型，即易受感染（Susceptible）、已被感染（Infected）、被临时移出（Romved）和健康（Healthy）这四种状态。

对以上的理论加以改造，我们可以将微信公众平台的受众进行转置，将图文信息的转发用户看做感染人群 I，非读用户看做易感人群 S，已阅读但不转发的人数看做 R（对于图文消息的阅读，很少出现多次阅读的状态，可视为对已读图文消息具有免疫力），平台的所有用户看做 T（Total）。我们可以将微信公众平台的图文消息阅读人数建立这样一个模型：

$$T \approx S+I+R$$

其中 T 是常量，R 的数量会随着时间的增加不断增加，那么 S 和 I

---

① 李彪：《舆情山雨欲来》，北京：人民日报出版社 2011 年版，第 68~69 页。

就呈现出负相关的关系。在此 I 即代表转发数量的动力，在《小小世界：有序与无序之间的网络动力学》一书中，对于这种动力该书给出了公式：

$$I(t)=\frac{k}{(k-1)}\left[\frac{\rho(k-1)^{t-1}-1}{\rho(k-1)-1}-1\right]$$ ①（t 代表时间）

其中 ρ 是流行病学中的传染率（$0\leqslant\rho\leqslant1$），可近似地理解为转发行为发生后引起他人阅读行为的概率，ρ 的影响因素会在第四章第三节中的用户接受行为影响因素中展开论述，k 前文已提到是顶点的边数成为顶点的度，也就是这个节点产生联系的数量，t 是信息传播的时间。由公式我们可以发现，随着 K 值的增加，I 的数量呈现指数的变化，即越是在信息传播中占据核心位置的关键节点转发，越有利于图文消息的扩散，在相对封闭的用户空间内，意见领袖的作用会更加放大。

我们再来看 2015—2019 年图文阅读人数和图文阅读次数的统计情况，2015 年至 2017 年上半年，图文阅读人数与阅读次数所夹的中间面积在不断扩大，证明我们就 2014 年所得出的推论基本正确，分享作用对于提升图文消息的二次阅读具有十分明显的作用。同时虽然 2017 年后两条统计曲线的相隔不再像之前那样距离不断扩大，但是“爆款”图文开始出现，尤其在 2018 年还出现了“10 万+”的图文消息，从侧面反映出微信平台尤其是图文推送的传播状态发生了变化，用户由日常的分享而变为了对感兴趣选题的集中分享，刷屏效应更加凸显（图 3-43）。

四、图文消息的次序对于用户阅读行为产生的影响

微信公众平台订阅号每日可以推送一次群发消息，单次消息最多可包含 8 条子消息。在用户的显示界面中，头条消息的标题作为群发消息的标签呈现在用户“订阅号”文件夹中。微信 2018 年改版后，在信息

---

① ［美］邓肯·J. 瓦茨著，陈禹等译：《小小世界：有序与无序之间的网络动力学》，北京：中国人民大学出版社，第 166~169 页。

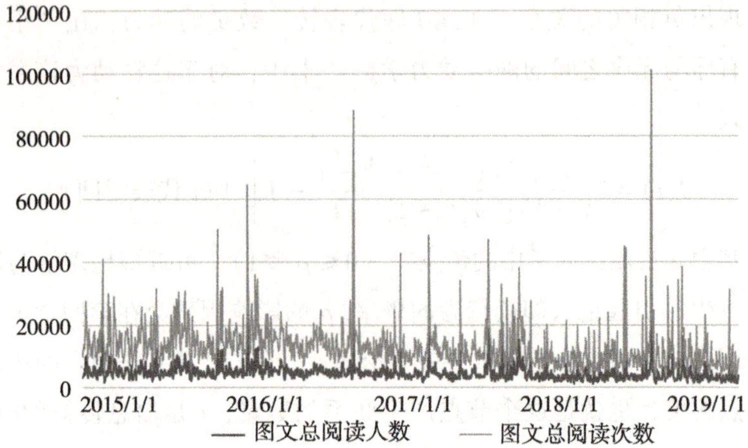

图 3-43　2015—2019 年图文阅读人数与阅读次数统计图

流的阅览模式下，仅显示排序在第一和第二的图文消息，之后的信息显示为“更多”，排序较后的消息失去了较多的曝光机会。我们将“河北大学青年”微信公众平台全年发送的信息进行了统计，并对在推送消息中不同位置的信息的阅读状况进行了分析（图 3-44）。

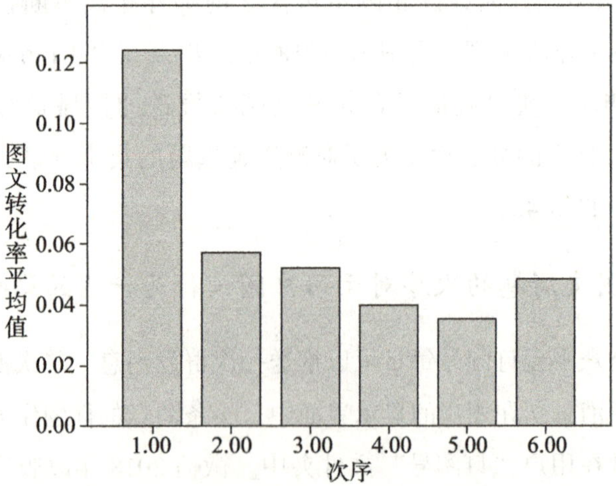

图 3-44　消息次序与图文转化率的关系

表 3-8 **消息次序与图文转化率的相关性**

		次序	图文转化率
次序	Pearson 相关性	1	-0.354**
	显著性（双尾）		0.000
	N	497	497
图文转化率	Pearson 相关性	-0.354**	1
	显著性（双尾）	0.000	
	N	497	497

**：在置信度（双侧）为 0.01 时，相关性是显著的。

图 3-44 的结果显示，消息次序越大，图文转化率的平均值就越低。同时由表 3-8 的相关性结果可以知道，消息次序与图文转化率的相关系数为-0.354，P 值小于 0.001，表明两者之间存在着显著的负相关关系，故可以判断消息次序与图文转化率之间为负相关关系。笔者就次序与图文转化率的影响建立了回归方程：

表 3-9 **图文消息次序与图文转化率的回归方程**

模型		非标准化系数		标准系数	t	显著性
		B	标准错误	贝塔		
1	（常量）	0.147	0.008		18.266	0.000
	次序	-0.033	0.004	-0.354	-8.427	0.000

因变量：图文转化率。

表 3-9 中的结果显示，消息次序的回归系数为-0.033，P 值小于 0.001，表明消息次序对图文转化率有显著的负影响。其回归方程为：

$$图文转化率 \approx 0.147-0.033 \times 消息次序$$

该方程表示，当消息次序增加一个单位时，图文转化率会平均减少 0.033 个单位。因此在进行消息推送时，对于消息所排列的顺序十分重要，随着消息所处位置次序的增加，阅读率将会出现下降。同时由于在界面显示时，消息头条的标题是作为整体图文推送消息的折叠文件夹的标题，因此头条消息标题的撰写和编辑对于整体图文阅读率的影响举足轻重。(消息标题撰写的相关影响因素会在第四章第三节展开论述。)

2018 年 6 月 20 日，微信官方对订阅号的信息发布又进行了重大的调整，虽然仅仅是信息呈现方式的改变，但是却足以对微信公众号的整体运营和信息推送产生“革命性”的影响。订阅号的列表不再像过去一样以订阅号为单位，将信息折叠在对话窗口中，而是又改进了视频、语音等类型的消息展示，将微信订阅号的传统展示方式改变为卡片形式，且最多显示两条图文消息。更重要的是其不再是按照订阅号排列，而是按照信息发布的时间顺序进行排列。微信官方将这次改版称为“订阅号的信息流”改版。广义的信息流是指在空间和时间上向同一方向运动过程中的一组信息，其有共同的信息源和信息的接受者，即由一个信息源向另一个单位传递的全部信息的集合。① 订阅号改版后“标题+头图”成为更加重要的因素。同时随着按照信息发布时间的顺序排列的订阅号推送，也加剧了微信订阅号阅读的“马太效应”，一些具有多次发布功能的超级账号可以在一天的不同时段多次推送，更加密集地占领了订阅号推送信息的头部位置，而一天只能发布一条信息的公众号如果没有强大的用户黏性或具有爆点的图文产品，将会越来越远离订阅号界面的头部位置，从而丢失大量的阅读量与用户。账号的主体地位进一步下降，原有品牌的识别度被削弱，图文消息与账号母体品牌的联系不再如之前鲜明。同时，信息流模式下 3 条之后的信息的曝光率将大大减少，新闻的阅读量也相应降低，换句话来讲，公众从订阅号界面看到的图文消息的内容和类型将被大号所抢占，原来关心的订阅号的信息只能从其他方式获得，比如朋友圈的分享或好友的“看一看”，这次改版除了内容展示的变化外，此次更新还使得订阅号中菜单栏的入口更深，

① 袁媛：《类信息流模式下传统媒体微信订阅号的发展策略》，载《编辑学刊》2018 年第 6 期，第 112~113 页。

用户需要点击订阅号的主体才能看到菜单栏，极大地影响了订阅号通过菜单栏为用户提供服务，为客户端引流的作用。

五、图文阅读行为对平台订阅人数和活跃度产生的影响

高校微信公众平台每日的信息推送是主动地传播信息，如果说用户使用功能是一种主动地进行信息查询或获取的话，图文消息则是类似于广播式的信息发送。图文消息的推送使得微信公众平台突破了微信“私密性”的传播壁垒，实现了部分大众传播的功能，并且用户阅读图文消息后的分享行为也是对微信公众平台传播的有效扩散，从而也吸引了新的用户关注、订阅微信平台账号。同时图文消息的推送会第一时间触发受众的阅读行为，进而继续产生使用行为。高质量的图文消息会拉近用户与平台的心理距离，进一步加固用户忠诚度，增加用户黏度。

在新媒体迅速发展的时代，图文消息推送的质量尤为重要，可以说现在是一个“内容为王”的时代。在信息海量涌入的当今时代，碎片化阅读是人们的主要阅读方式，受众对内容有了更高的要求，图文消息的推送应针对受众群体的特点，抓准其心理需求，回归优质内容，寻求作者与受众的良性互动和交流。随着新媒体技术的不断成熟，传播渠道越来越便捷，图文消息的内容成为微信公众号取胜的主要因素。长期以来微信公众号的竞争主要集中在阅读量、点赞量和转发量上，这对微信图文的质量也形成了反作用力，内容贴合受众需求、原创优质图文多都是使一个公众号处于优质运营状态的关键因素，优质的图文推送不仅能够被受众广为点击转发，提高公众号热度，更能够增加用户订阅量，提高用户黏度。在快节奏的生活现状下，依靠内容吸引粉丝打开图文，提高粉丝与公众号的互动频率，降低取消关注的比例也是重要的运营策略。

1. 图文消息和用户增长情况相关指标相关性评估

我们首先对图文转化率和新增人数、取消人数、净增人数和累积人数进行相关性的分析。

表 3-10 的结果显示，新增人数与图文转化率的相关系数为 0. 168，

P 值为 0. 011，表明新增人数与图文转化率有显著的正相关关系；净增人数与图文转化率的相关系数为 0. 139，P 值为 0. 035，表明净增人数与图文转化率有显著的正相关关系；累积人数与图文转化率的相关系数为-0. 080，P 值为 0. 225，表明累积人数与图文转化率之间没有显著的相关关系。

表 3-10　　**图文转化率与新增人数、取消人数、净增人数和累积人数的相关性分析**

		图文转化率	新增人数	取消人数	净增人数	累积人数
图文转化率	Pearson 相关性	1	0. 168*	0. 217**	0. 139*	-0. 080
	显著性（双尾）		0. 011	0. 001	0. 035	0. 225
	N	231	231	231	231	231
新增人数	Pearson 相关性	0. 168*	1	0. 556**	0. 985**	0. 083
	显著性（双尾）	0. 011		0. 000	0. 000	0. 195
	N	231	245	245	245	245
取消人数	Pearson 相关性	0. 217**	0. 556**	1	0. 404**	-0. 327**
	显著性（双尾）	0. 001	0. 000		0. 000	0. 000
	N	231	245	245	245	245
净增人数	Pearson 相关性	0. 139*	0. 985**	0. 404**	1	0. 159*
	显著性（双尾）	0. 035	0. 000	0. 000		0. 013
	N	231	245	245	245	245
累积人数	Pearson 相关性	-0. 080	0. 083	-0. 327**	0. 159*	1
	显著性（双尾）	0. 225	0. 195	0. 000	0. 013	
	N	231	245	245	245	245

*：在置信度（双侧）为 0. 05 时，相关性是显著的。

**：在置信度（双侧）为 0. 01 时，相关性是显著的。

以上分析结果可以证明高质量的图文转化率能够对用户人数的增加取得正向的促进作用，图文转化率对于个别天数的影响尤为明显，而对累计人数影响则不甚明显，但累积人数也是净增人数的求和值，因此从宏观意义上来看仍然具有积极的意义。

在此我们给出了图文转化率和净增人数的线性回归方程：

表 3-11 的回归分析结果表明，图文转化率的系数为 156.654，P 值小于 0.035，其回归方程为：

$$净增人数 \approx 38.188 + 156.654 \times 图文转化率$$

表 3-11　**图文转化率和净增人数的线性回归方程**

模型		非标准化系数		标准系数	t	显著性
		B	标准错误	贝塔		
1	（常量）	38.188	8.652		4.414	0.000
	图文转化率	156.654	73.792	0.139	2.123	0.035

因变量：净增人数。

该方程表示，当图文转发率增加一个单位时，净增人数平均增加 156.654 个单位。

2. 图文转化率对于信息发送数量的影响

微信公众平台信息的发送数量可以反映微信平台的活跃度，图文消息的阅读对于平台内部信息的发送也有十分明显的促进作用。

我们对图文转化率和信息发送数量进行线性回归分析：

表 3-12　**图文转化率和信息发送数量的线性回归方程**

模型		非标准化系数		标准系数	t	显著性
		B	标准错误	贝塔		
1	（常量）	574.430	593.035		0.969	0.334
	图文转化率	35372.585	5058.167	0.419	6.993	0.000

因变量：消息发送数量。

表 3-12 的回归分析结果表明，图文转化率的系数为 35372.585，P

值小于 0.001，表明图文转发率对消息发送数量有显著的正向促进作用。其回归方程为：

$$消息发送数量 \approx 574.430+35372.585\times 图文转化率$$

该方程表示，当图文转发率增加一个单位时，消息发送数量平均增加 35372.585 个单位。

由此我们可以这样来总结高校微信公众平台的图文消息阅读行为：

图文消息的阅读行为是用户接受行为的重要组成部分，它是平台与用户日常沟通的主要手段，用户的阅读行为能够积极促进微信公众平台用户数量的增加和平台活跃度的提升。首日阅读率是整体图文转化率的晴雨表，能够提前为我们预测图文信息的阅读效果提供有效的依据，鼓励用户的分享行为是提高图文转化率的重要手段，并且分享行为也是增加平台用户数的有力推进力量。

第五节 高校微信公众平台用户的被动接受行为

高校微信公众平台的用户在订阅、查询和阅读图文消息过程中，既有主动意义上通过信息的获取来满足信息的需要和表达，同时成为微信公众平台的用户后也不得不被动接受相关信息。

一、用户订阅公众号范围受限，微信公众号的功能受限制

各高校虽然有很多种类型的微信公众平台可供同学们去选择和关注，但是具有较完善功能的微信公众号往往是官微，并且通过了腾讯公司的认证。如本书所援引的“河北大学青年”微信平台和在全国高校微信平台建设工作中比较突出的华中科技大学微信平台（原名：华小科）等，这些通过认证的官媒具有身份的唯一性，具有通过认证的标识。各大高校的官微能够提供如成绩查询或图书馆查询等功能，而这些功能往往必须得到学校相关部门的授权才能够实现，用户如果想使用这些功能则必须关注带有官方性质的微信公众号。

二、用户使用行为必须依从现有“议程”

高校微信公众平台的各项功能由平台的运营和开发人员完成，因此在信息的获取过程中，用户只能按照设计好的步骤进行，虽然微信公众平台一直强调其与受众的互动性，不断鼓励用户参与到内容生产的协作中来，但是在整个平台的信息流动中，个体用户并没有居于信息流动的核心位置。虽然查询行为是用户主动的接受行为，但是查询的过程却是被动的。

三、“沉默螺旋”现象加剧，朋辈效应和同伴影响更加突出

高校微信公众平台的用户与用户的朋友圈具有较高的契合度，用户和用户之间既是现实意义上的强关系，同时又是相同微信平台的受众。因此当图文消息产生大量的转发现象时，具体用户的朋友圈内就会在短时间内出现大量相同消息，即“刷屏”现象。这种类似于信息轰炸似的传播，虽然强化了受众对于同一微信平台用户身份的认同，却对具体用户对于信息的选择产生影响，将会使原本并不感兴趣的图文消息出于朋辈的影响而产生阅读行为，虽然接受行为发生，但在接受过程中存在一定的抵抗情绪，出现抵抗式认同，即发生了接受行为，但用户对于平台的忠诚度却有所降低。

第四章　高校微信公众平台用户接受行为影响因素分析

前文中，依据使用与满足理论和马斯洛的需求金字塔理论，我们对微信公众平台的用户使用行为进行了初步的分析。下面我们就影响用户接受行为的影响因素作进一步的分析。使用与满足理论基本上概括了信息对受众的传播过程，即传播围绕受众进行，传播要满足受众的需要。然而传统理论认为，媒体在传播过程中的主要任务是说服观众，观众是被动的，“使用和满足”研究将观众视为具有特定“需求”的个体。而在现代研究中，学者们开始解释人们的动机、期望和媒体行为之间的关系，而马斯洛的需求金字塔理论即马斯洛的需求层次理论假定人们在满足了基本需求之后就要追求更高层级的享受。该理论认为，人为动机基本上符合有层次的心理和生理需求，该动机是循序渐进的一个过程。决定人们行为的是人们对自身需求的满足与控制。但是，需求的不同也决定了人们的行为是不同的，而这些不同类型的行为会影响满足的各种需求。该理论同时指出，大多数人的需求水平较高，只要环境不妨碍这些更高需求的获得，这些需求就可以激励大多数人。

从用户需要的角度我们可将用户对信息的接受行为分为三个维度（表4-1）：

表4-1　**接受行为三维示意图**

维度	需要层次	行为
1	接触信息需要	关注、订阅
2	获得信息需要	查询信息
3	表达信息需要	转发消息

彭兰教授在《社会化媒体下公众新媒介素养的调查分析》中指出：社会化媒介的三种基本功能为关注（获取信息）、转发或评论（发布信息）、好友。① 这三种基本功能有极强的关系建构能力，而这种强大功能的根本逻辑在于其“嵌套性”。②

在高校微信公众平台的接受行为中，订阅行为、信息查询行为和图文阅读行为也有其内在的逻辑结构。订阅行为是之后两种接受行为的基础，而信息查询行为与图文阅读行为会促进订阅行为的增长，同时信息的查询行为与图文阅读行为互相影响，可不断增加微信公众平台的活跃度。信息查询行为可以增加公众平台受众的忠诚度，提高用户黏度，而图文阅读行为（尤其是转发行为）可以提高微信公众平台的外向性，打破封闭空间，延伸信息传播长度。

在媒介经营管理的相关理论中，社会化媒体营销领域较受推崇的是AISAS（Attention 注意；Interest 兴趣；Search 搜索；Action 行动；Share 分享）模式，高校微信公众平台用户的接受行为也遵循这个范式，我们可以依据这个模式将微信公众平台的接受行为进行可视化（图 4-1）：

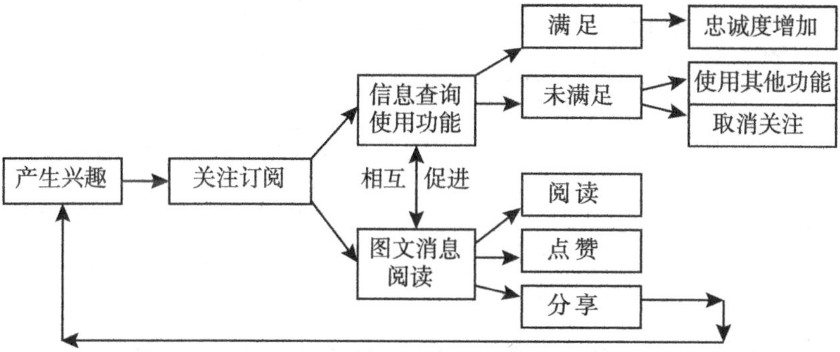

图 4-1 微信公众平台用户接受过程图

① 彭兰、曾凡斌：《社会化媒体下公众新媒介素养的调查分析》，载《中国新媒体发展报告（2014）》，北京：社会科学文献出版社 2015 年版。

② 张佰名：《嵌套性：网络微博发展的根本逻辑》，载《国际新闻界》2010 年第 6 期。

笔者根据受众的接受过程建立了各个阶段的接受行为影响因素的指标体系（表 4-2）：

表 4-2　　**各个阶段的接受行为影响因素的指标体系**

<table>
<tr><th>阶段</th><th>满足需要</th><th>接受行为</th><th>衡量指标</th><th>影响因素</th><th>因子</th></tr>
<tr><td>注意、兴趣、搜索</td><td>接触信息需要</td><td>关注、订阅</td><td>新增人数</td><td>关注方式</td><td>微信名称</td></tr>
<tr><td rowspan="3">行动</td><td rowspan="3">获得信息需要</td><td rowspan="3">信息查询</td><td rowspan="3">信息发送数量</td><td>信息发送人数</td><td>年级
专业
性别</td></tr>
<tr><td>信息发送次数</td><td>使用时长
发送次数</td></tr>
<tr><td>功能查询数量</td><td>互动次数
线下效应</td></tr>
<tr><td rowspan="3">分享</td><td rowspan="3">表达信息需要</td><td rowspan="3">图文消息阅读</td><td rowspan="3">图文转化率</td><td>文本信息</td><td>标题
信息类型（文字、图片、图文、音视频）、文本内容
阅读时长</td></tr>
<tr><td>推送时间</td><td>高峰期推送</td></tr>
<tr><td>分享数量</td><td>点赞、分享量</td></tr>
</table>

第一节　微信公众平台名称影响关注方式

在关注方式上，微信公众号的名称应突出学校名称，力求精练明了。

在接触信息环节，即产生关注、订阅行为，用户可分为被动接受和主动搜索。在问卷调查中，有 41%的用户关注微信公众平台是“朋友推荐”的，有 33%的用户是“从微博或其他社交网站的信息上看到的”。在关注方式上，扫描二维码和搜索公众号的名称成为主要的关注方式。笔者关注了南方周末数据实验室发布的《中国高校微信排行榜》和清华大学的沈阳教授在其公众账号“新媒体指数”（ID：indexmedia）对公众号的排名，整理出有代表性的 4 大类 30 个微信公众平台（表 4-3）：

表 4-3　**各高校微信公众平台名称统计图**

类型	官微	校务机构（团委、学生处、招生办和附属医院等）	学生组织（学生会、社团）	自媒体
名称	清华大学（THU1911-BJ） 复旦大学（fudanunivs） 华中科技大学_tpai（ihuster） 南开大学（nankaiuni） 兰州大学（iLZU1909） 西安交通大学（My_XJTU）	浙江大学团委（zju-tw） 青春师大（jxs-dtw） 河北大学青年（hedaqingnian） 中国美术学院团委（caa87200059） 华政青年（ecuplt-wxcb） 福师大小葵（fjs-dtw） 中大青年（sysuyouth）	广东工业大学学生会（gdutsu） 华南农业大学学生会（iSCAUSU） 大同大学学生会（dtdxxsh2012） 清华大学学生艺术团（thuyst） 长安大学学生会（CHD-student） 中国人民大学研究生会（rucyanhui_info2013）	学霸那些事儿（imxueba） 佛大微信（fodawx） 北大清华讲座（bdqhjz） 华农红满堂（scau-hometown） 华商学院微博协会（weiboxiehui102478） 北航新鲜事（news-buaa） 中传新闻（cuctvnews） 大工新闻邦（dagongx-inwenbang） 掌上武大（zhangshan-gwuda） 宁夏大学校园资讯（newsnxu） 印象工大（yxgd_ch）

在这些高校微信公众平台中，官微公众号多以学校名称冠之，微信

号以学校英文名称为主；校务机构中团委类型的账号居多，其公众号名称多包含“青年”或“团委”字样，微信号名称以汉语拼音（或缩写）为主；学生社团开设的微信公众账号往往由于名称较长，其微信号多以账号名称的汉语拼音缩写为主；而自媒体运营的微信账号命名方式并没有呈现明显的规律，这也与其身份相关，自媒体微信公众账号管理压力相对较小，因此更加灵活。这些账号都是在所选取的排行榜中排名处于第一阵营的微信公众号，具有充分的代表性，在选取的这些高校微信公众号中，微信公众号名称字数平均为 6. 13 个字，微信账号字数为 9. 37 个字。在微信公众号的命名上，都突出学校名称，同时力求精炼明了。

第二节　服务功能与互动行为影响消息发送数量

从平台功能上看，校内信息查询仍然是平台的核心功能，线上线下互动能有效促进用户的使用行为。

从整体上看，作为研究样本的“河北大学青年”微信公众平台所提供的涉及学习、生活和工作等 33 项功能中，最受同学们欢迎的功能是成绩查询，约占全年信息查询量的 41. 7%。核心功能的查询占到了用户信息发送数量的近一半。腾讯发布的《2019 年高校新媒体观察报告》显示，在内容类型上，校园新闻类内容最受学生欢迎，占比 58%，其次是通知公告、“学习干货”类内容。校园微信公众号除了是学生获悉官方信息的主要渠道外，也是其获取学习资源的有效途径。心灵鸡汤、娱乐八卦类内容关注率较低（图 4-2）。

在问卷中，我们对不同性别、年级和专业的样本进行了比照分析，结果呈现如下的图式化效果（图 4-3）：

限于年龄、专业和性别的不同，各类受众对于高校微信公众平台功能的使用也不尽相同，但是由于高校微信公众平台的受众具有特殊的用户属性，对于与学业和自身利益相关的功能具有较高的关注度，因此以校内学业信息查询为主的功能成为核心功能，同时随着三个基本变量的

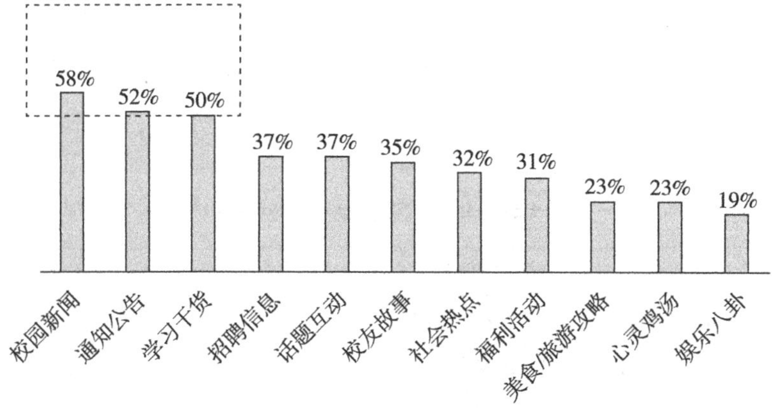

图 4-2　《2019 年高校新媒体观察报告》学生需求信息统计

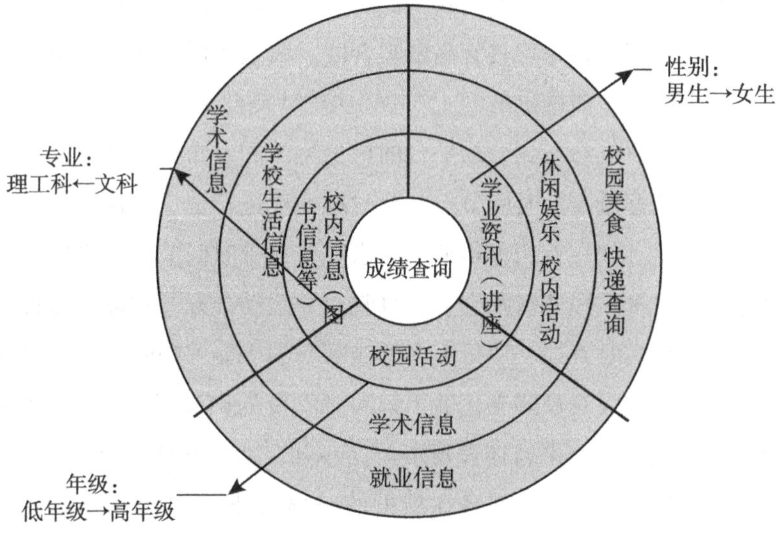

图 4-3　用户使用功能性别、年级、专业偏好图

改变，使用的功能出现偏移，用户查询次数也逐渐减少。

整体来看，随着微信公众平台用户关注时长的增加，用户的忠诚度不断被培养，黏度增加，对于微信各项功能的使用不断了解和深入，用户对各项功能的使用会更加熟练，使用的时间和消息发送的次数也会相应增加。

从微信公众平台整体运营角度观察，线上线下活动的开展能够引发大量级的用户参与。在此我们结合“河北大学青年”微信公众平台的运营实例来论证（表4-4）。

表4-4 “河北大学青年”互动活动相关数据统计表

时间	互动内容	发送人数	发送次数
2014年4月18日	十佳团支书评比	6683	14500
2014年9月10日	迎新晚会抢票	6906	19244
2014年12月18日	期末评教	4020	12114

以上截取了单日发送人数较多的三个样本日，这三日开展的活动线上用户与线下用户行为均具有高度契合度。线上的活动能够对现实的社会活动产生影响，如推出的“七夕表白墙”“新年许愿墙”等用户协作活动，普通用户能参与到公众平台的信息生产和发布，由此吸引了大量用户。为此掌握重要的时间节点，及时准确地进行消息推送，及时发声显得尤为必要。如在五四青年节、国家公祭日等时间节点发出代表河北大学青年的声音；在迎新晚会、元旦晚会、运动会开幕式进行形式丰富的主图发送和实时直播，使得更多的老师与学生能够随时随地了解学校的活动情况，增强对校园文化的了解和对学校的归属感。同时，“河北大学青年”微信公众平台还设置了“河小知”“河小博”“河掌柜”三个卡通形象与粉丝互动，并且在周末的时候会推送“河小知”“河小博”“河掌柜”三个拟人形象的语音与粉丝亲切互动，丰富了微信推送的形式，也增强了微信平台的用户黏度。“河北大学青年”微信公众平台近些年创作出了一大批原创产品，除了对《南山南》《成都》等歌曲的改变，到专属H5和表情包的发布，还通过粉丝见面会、绿植领养活动等来增加与粉丝的线下交流，通过定制河北大学专属钥匙扣、书签、印章、新年贺卡等纪念品回馈粉丝，从线下积累了相当人

气。因此，线上线下的互动能够进一步激发用户的使用，促进接受行为的发生。

第三节　文本内容与推送时间影响图文转化率

从图文转化率角度看，固定时间推送的原创性图文消息具有较高的阅读人数。2016 年 1 月保定下了初雪，“河北大学青年”推送一套校园雪景图，带来了过万点击量和数百名新用户关注。之后推送的一系列校园美景都广受好评，每次推送都在校园内引起转发热潮。同时也激起了粉丝们拍摄校园美景的兴趣，他们在校园里用相机或者手机记录下美丽动人的瞬间，将图片通过邮件的形式发给“河北大学青年”微信平台，运营者也将选取的精美图片在微信上进行推送，这些图片中不仅仅有风景还有校园里感动的瞬间，这不仅增强了校园微信平台与粉丝之间的黏度，大量精美图片的推送更直观地展现了校园里的风情，学生们爱国、爱校、爱生活等积极情感在图片中得到了共鸣。

清华大学沈阳教授领衔的新媒体团队在微信公众号“清博指数”上固定发布各高校微信公众账号推送文章的传播度、覆盖度和影响力的排名。这个排行榜统计了 5872 个微信账号，并给出了图文消息的计算模型（WCI 模型），其计算参数如下：

（1）采用数据：总阅读数 R、总点赞数 Z、发布文章数 N、该账号当期最高阅读数 R_{max}、该账号最高点赞数 Z_{max}。

（2）采用指标：总阅读数 R、平均阅读数 R/N、最高阅读数 R_{max}，总点赞数 Z、平均点赞数 Z/N、最高点赞数 Z_{max}，点赞率 Z/R。无量纲化处理后，建立相应指标体系（图 4-4）。

（3）权重确定

各指标权重情况见表 4-5。

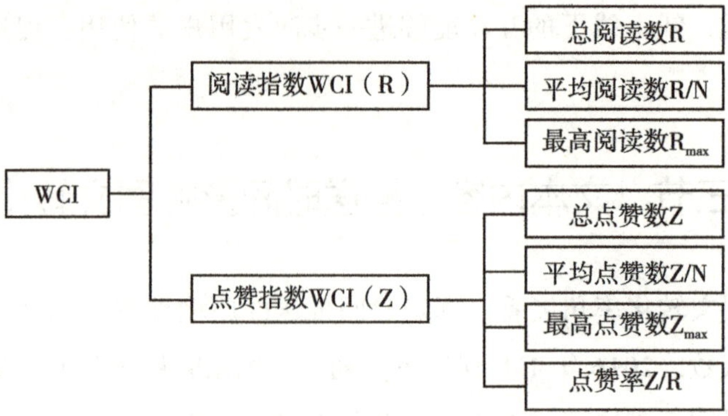

图 4-4　WCI 模型示意图

表 4-5　　　　　　　　　　　　**各指标权重情况**

WCI（100%）						
WCI（R）（65%）			WCI（Z）（35%）			
R≥100	R/N	R_{max}	Z	Z/N	Z_{max}	Z/R
60%	30%	10%	60%	30%	5%	5%

WCI（100%）						
WCI（R）（65%）			WCI（Z）（35%）			
R<1000	R/N	R_{max}	Z	Z/N	Z_{max}	Z/R
60%	30%	10%	60%	30%	10%	0

（当总阅读数 R<1000 时，不考虑 Z/R 这一指标，Z_{max} 权重调为 10%。）

（4）WCI 计算公式

$$
\mathrm{WCI}=\begin{cases}
\left[65\%\cdot\ln\left(60\%\cdot R+30\%\cdot\frac{R}{N}\cdot5+10\%\cdot R_{max}\cdot3\right)+35\%\cdot\right.\\
\left.\ln\left(60\%\cdot Z+30\%\cdot\frac{Z}{N}\cdot4.5+5\%\cdot Z_{max}\cdot2+5\%\cdot\frac{Z}{R}\cdot1000\right)\right]^2\cdot10\\
\mathrm{if}(1000\leqslant R)\\
\left[65\%\cdot\ln\left(60\%\cdot R+30\%\cdot\frac{R}{N}\cdot5+10\%\cdot R_{max}\cdot3\right)+35\%\cdot\right.\\
\left.\ln\left(60\%\cdot Z+30\%\cdot\frac{Z}{N}\cdot4.5+10\%\cdot Z_{max}\cdot2\right)\right]^2\cdot10\\
\mathrm{if}(R\leqslant1000)
\end{cases}
$$

$\ln(X=0)$ 或 $\ln X<0$ 时取值为 0。

以上模型是目前国内研究微信公众平台推送消息传播效果较为成熟的结构方程模型，不仅确定了图文消息评估的指标，同时也给出了明确的计算公式。

然而这个公式或者这个评价体系仍然具有三个方面的缺陷：

（1）这个公式并没有提出具有较高影响力的图文消息具有哪些特点，换言之，尽管将阅读效果进行了量化，但是引起阅读效果的因素没有纳入考核体系。从某种意义上讲，这个体系解释了图文消息传播的过程，却并没有解释图文消息的生产过程。对于高校微信公众平台的运营者来讲，如何从这个模型中得出有效的结论仍然需要商榷。

（2）对于各个指标权重的确定仍然需要进一步的考量，尤其是在公式中 N 值（图文发送数量）的位置，对于计算结果的影响过大，甚至会使计算结果出现偏差。

如图 4-5 所示，在 2015 年 2 月 19 日发布的榜单中，“河北大学青年”微信公众平台排名第一，但是很明显同第二、第三名相比，其总阅读量和头条阅读人数都要稍逊一筹，因此这个公式中仍有值得改进的地方。

这个评价模型的建立源于网络爬虫（蠕虫）技术，通过对网页信息的抓取、过滤和分析予以建立，比如阅读人数和点赞量的统计，即是腾讯公司在图文消息底端公布的实时数据。然而一些更为关键的变量，如图文消息的转发数，只有具体的微信公众平台运营人员才能掌握，因此这类较为核心的数据在这个公式中就没有体现出来。同时更有学者在“新媒体指数”微信公众平台上指出：阅读量和点赞量并不成正比，①尤其在官方媒体开办的公众平台中这种现象更为明显。同时，沿用本书一直所阐述的接受过程的相关理论，点赞是一种心理学意义上的认同，

① 陈仁海：《阅读数和点赞为何不成正比？》，http：//mp. weixin. QQ. com/s? __ biz = MzA4NDA2MzQ5NA = = &mid = 203032424&idx = 1&sn = bbcc0cad41d20626ae544e67718707da&scene = 0#rd。

	公众号	发布数	总阅读量	头条	平均	总点赞数	风云指数
1	河北大学青年 hedaqingnian	1/1	754	754	754	24	391.35
2	浙江农林大学共青团 zjnldxgqt	1/3	1423	928	474	24	365.35
3	安徽大学团委 ahugqt	1/2	1097	882	549	18	357.57
4	青春福大 FZDXXTW	1/1	619	619	619	13	349.63
5	南京工程学院团委 njittw8895	1/1	399	399	399	24	341.30
6	大连理工大学团委 ituaner	1/2	876	678	438	15	333.30
7	传媒团英 cuc_youth	1/1	816	816	816	5	331.56
8	南京工业大学团委 ngqn1902	1/3	937	629	312	18	323.70
9	新疆农业大学团委 xndxiaowei	1/3	944	682	315	17	322.81
10	同济大学团委—青春同济 qctjwx	1/3	953	271	318	18	321.47
11	西南财经大学-青春西财 swufeyouth	1/1	447	447	447	10	314.67
12	浙江理工大学团委 zjlgdxtw	1/1	375	375	375	13	312.17
13	江西农业大学团委 jxnydxtw	1/2	568	355	284	19	307.51
14	航大青年 hangdaqingnian	1/5	1055	65	211	16	302.89

图 4-5 2015 年 2 月 19 日全国高校团委官方微信榜

但是还没有进一步转化为现实意义上的行动。因此点赞量在这个评价体系中的权重还需要进一步予以修正。

以上是笔者对于 WCI 评价体系的研究分析，但是从积极的意义上讲，WCI 体系的建立对于目前微信公众平台推送消息的判断与评价是相对完善和科学的评价标准。

就具体的消息生产而言，我们对 2014 年“河北大学青年”公众平台阅读量在 5000 次以上的优质图文消息进行了对比研究。其中《云起河大》是平台运营第一年图文转化率最高的图文消息，图文转化率达 132%。有接近 3.2 万人在一周内阅读了该图文。转发和收藏人数达 3647 人，朋友圈的分享是导致这个图文高阅读率的重要原因（图 4-6）。

图 4-6　《云起河大》图文消息统计数据

下面是其他阅读量在 5000 次以上的图文消息：

一、推送的标题和封面图成为引发阅读的关键

所选取的这个阅读量超过 5000 次的 15 个样本中，带有“河大”“河北大学”等学校元素的有 10 篇，比例达 66.67%，在搜集其他高校图文消息的材料中，如华中科技大学推送的《属于你的我的华科似的爱情》、大连理工大学推送的《如果大工也有朋友圈》，也都收获了 10000+以上的阅读量。从这里我们可以得出结论，高校微信公众平台的受众群为在校生，因此在图文消息的标题中应突出学校名称，强化信息的接近性要素，要让受众产生心理共鸣和阅读期待，进而引发阅读行为（图 4-7）。

图 4-7　2014 年阅读量在 5000 次以上的图文消息

由于微信图文消息呈现界面的限制，用户收到的图文消息只能以标题的形式预览，标题的呈现程度为17个字（含标点），同时这17个字当中还包含了微信公众平台的名称。因此标题的创作要力求简单明了，突出重点，在标题的靠前位置凝练主题。同时通过对以上样本的分析，在标题后部加入引导性分享的元素，图文的转发效果就会更好，如加入“朋友圈都转疯了”“河大人都在转”等后缀，会对用户产生暗示作用，进而引发分享行为，扩大阅读效果。单图文标题长度最好不超过两行，多图文头条标题最好不超过1行。通常来说，推文的标题就是这篇文章的看点，所以文章标题既要有冲击力又要打动人心。标题中可以带有最近的热点话题，或是对诗文的巧妙转化，这样的文字一般会引起阅读者的兴趣。

自从公众号改版之后，封面图就变得尤为重要。直白点说，一张好的封面图，直接决定了图文的打开率。在制作封面图的时候，首先要考虑图片和设计样式，是否符合公众号定位及风格。在制作封面图的时候，头条主要按照目前较为常用的900×500px标准进行制作，其他想表达的重要信息则放置于900×383px内。次条尺寸为200×200px，应保证和头图的风格一致，让公众号在视觉上形成统一感。

二、图文混排的信息类型成为最常见的推文模式

图文混排的图文消息较受用户欢迎，由于微信的主要使用媒介是手机，用户在“碎片化”的时间使用，由于设备和时间的限制，用户很少愿意阅读以文字为主的消息，更倾向于“读图”，但是单纯的图片往往又不能直接反映微信公众平台的创作思路和表达意愿，因此图文混排方式的消息阅读量较高，尤其是一些类似建议、通知类的消息经过编辑的加工，以图片形式推送阅读效果会优于文字效果。2018年以后，微信公众平台实现了语音与文字的混排推送，同时语音消息的收听效果也给出了统计数据，从全年的运营状态可看出，语音消息推送后，用户的互动行为增加，给平台的留言量上涨，即语音消息比单纯的图文消息更加具有亲切感，同视频信息相比又增添一份形象未知的期待感，因而语

音消息在增加平台用户活跃度方面具有自身的优势。从信息类型上看，整合专业性知识的推文也具有较高的阅读市场。对于某个专业性问题，读者很可能无暇去网络上搜集所有的相关信息，但如果能够集中组织，并将所有关键内容提取到一篇文章中推送给用户，那么肯定会让用户对该文章产生兴趣。好的文章应当能够引发用户情绪的共鸣，例如，《本部传说中的2345教》《不能让爸妈看到的朋友圈》，这些信息中带有受众的好奇点和情感关注点，不仅容易点开阅读，而且能够吸引其进行点赞、转发等行为。因此，在消息推送中，可以使用话题讨论的形式让更多用户参与其中。

规范标题和引用内容的版式时，主要从大小、字数、粗细、颜色、行间距等多方面进行考量。比如二级标题一定要比一级标题小1~2个字号，以及一级标题长度不超过10个字。这样设置的原因是为了便于用户阅读，视觉呈现效果相对较佳。

三、优质内容和个性化排版成就特色风格

从文本内容的角度出发我们可以发现，高校微信公众平台的内容生产呈现两极化的趋向，一类以原创为主，另一类以改编为主。拿高阅读量的图文消息来分析，原创性的消息较能吸引读者，此外由于越来越多的学校机构、校媒开通微信公众平台，信息的生产出现同质化，因而推送独家或具有极强特色的消息能够在众多微信号的推送消息中脱颖而出。目前，微信管理方规定了鼓励原创、严惩消息抄袭的行为，严重者将处以封号的处罚，因此高校微信公众平台在图文消息推送的过程中，要加大原创的比例。在语义风格方面，应避免官话、套话，采用同学们熟悉的语言风格，文稿语言应亲切化、口语化。

四、短时间阅读有利于提升接受效果

我们对问卷调查和访谈中得到的数据进行了各种统计（图4-8、图4-9、图4-10）：

从受众的体验出发，轻松化、快捷化的阅读内容较受同学们欢迎，

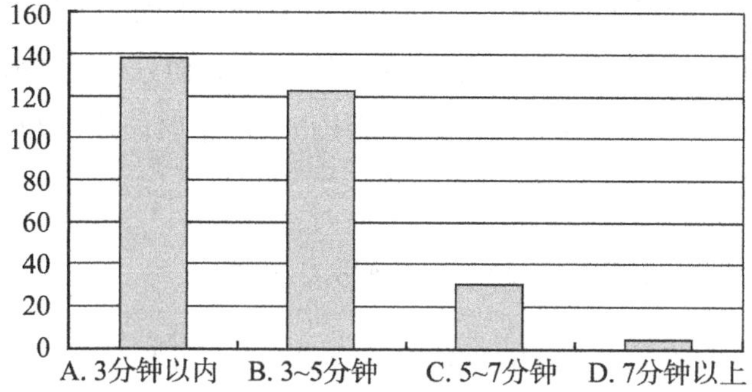

图 4-8　图文消息阅读时长统计图

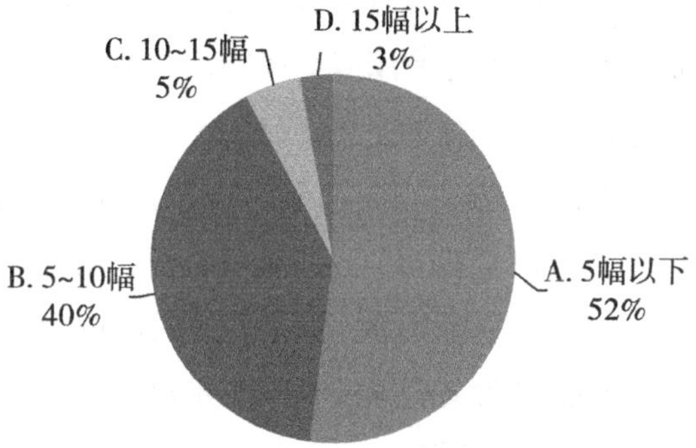

图 4-9　图文消息图片阅读数量统计图

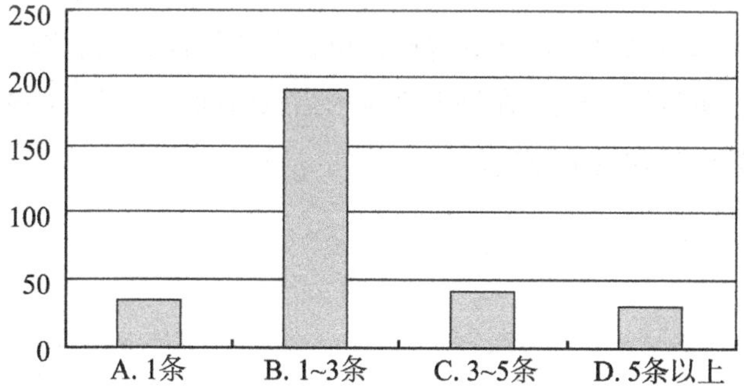

图 4-10　多图文消息数量统计图

即阅读时长不超过 5 分钟，同时超过一半的受众接受 5 幅以下的图片，并且收到的图文消息数量在 3 条左右。收到过多的图文消息会让用户产生信息轰炸的恐惧，从而影响用户的阅读选择，而且不同类型和话题的消息叠加也会削弱阅读效果，易引起用户在阅读时的逆反和抵制心理，从而影响接受行为。

五、在固定时段推送并鼓励用户分享

目前高校微信公众平台的信息推送集中在两个时间段：早上 8—10 时和晚上 10 时左右，这两个时间段是微信公众平台信息发送最为活跃的时间段。值得注意的是，这个时间段也是各个微信平台信息发布最密集的时候，因此培养用户的使用习惯极为关键，应在相对固定的时间推送，让受众形成一种潜意识的使用习惯或阅读习惯。

前文已论述过分享行为对于图文转化率、新增人数和信息发送数量的线性关系，一般来说，在图文推送后很短的时间内，就会产生分享行为，有可能在朋友圈形成“刷屏”效应。通过受众间的互相分享阅读消息也是产生阅读行为的重要环节，如果在短时间内没有出现大量级的分享和转发，那么推送的图文消息没有引发用户强烈的心理认同，传播的效果和阅读量就会大打折扣。

以上从图文消息的生产过程对影响图文消息阅读行为的各个因素进行了探析，即在图文消息的生产过程中，要重视标题的写作，力求简练；应避免大量文字和图文的堆砌，语言轻松活泼；信息来源要根植于所在高校，重视原创性；在每天固定的活跃时间段推送，培养用户的使用习惯，鼓励用户的分享行为。

第五章　微信公众平台发展的思考与启示

高校微信公众平台目前已成为在校大学生使用并参与的主要新媒体，高校中各个机构、学生组织都纷纷开通、运营微信公众平台，高校微信公众平台用户行为所带来的改变值得研究者们好好去思考。

第一节　安全性是微信公众平台建立的基础

微信公众平台的安全性体现在多方面，微信天然属于强关系链产品，具有个人私密性，是一条具有私密性的沟通纽带。尤其是朋友圈三天可见、分组可见的设置，在满足用户社交需要的同时，又充分保护了用户的隐私。而微信公众平台作为信息汇集的点，可以掌握每一个用户与平台的关系，是各种信息的集纳，拥有大量的个人信息。

高校微信公众平台多以服务学生为宗旨，基于平台定位与学生需求进行功能设计，设置了内容推送、内容查询等基本功能模块。在微信平台运营中，安全性是首要考虑要素，以下环节需要微信运营人员着重注意：

一、身份绑定或认证

高校微信公众平台往往与学校内网相连接，可实现校内信息的调取。出于保证学生个人信息安全的考虑，很多高校对于核心功能的使用进行了身份的绑定或认证。以“河北大学青年”的身份绑定方式为例，目前，“河北大学青年”微信公众平台实行了学号绑定制度。绑定学号之后，查分时只要直接发送文字“查分”即可，不必在每次的查询过程中输入学号和密码，使查询更加便捷；另外，每个用户只能绑定一个学号，只能查询个人成绩，大大提高了用户信息的安全性，有效规避了个人信息泄露或被他人查询等问题。同时，由于绑定后同学们只能查询自己的成绩，使得服务器的访问量大大降低，有利于后台更稳定地工作，减少了因访问量过高造成服务器宕机而产生的信息无法查询现象。同时只有绑定的用户才可以使用评教功能。用户依据学号进行绑定，运营者可以根据学院和年级进行分类，有利于信息推送的精准化。进行身份认证后，匿名化的用户将向实名制方向转变，有利于第一时间疏导舆情，引导舆论，防止“群体极化”现象大规模爆发。

二、平台建设的信息安全

高校微信公众平台的服务器大致有两种方式，官微和学校各机构的微信公众平台基本由校内服务器支持，外网无法进入进行修改和查询，有一定的安全保障。自媒体和学生社团运营的微信公众平台往往是租用网络服务器供应商提供的服务器，微信平台代码为自主开发，在接入入口的处理等安全问题上仍然有待提高。要格外注重服务器的安全，加强密钥管理和控制。同时，高校学生更迭较快，管理员因为升学或其他原因会出现变更和交替情况。如果在管理员更替的过程中无人接手其工作，就会形成僵尸账户，虽然微信公众平台在登录的过程中有二维码的身份验证，但也要注意账户被盗用的隐患和危险。

三、消息推送与报备

由于微信公众平台推送的消息全方位、多层次，质量难免良莠不齐，且一经推送便无法进行大面积的修改，因此高校微信公众平台应建立消息推送“预览制度”和“报备制度”，有专人对每天将要推送的消息进行预览审核，以保证图文消息的质量。出现纰漏和错误的图文消息往往会引发用户负能量的接受行为，更有甚者会进行调侃和批评，甚至会成为新的舆情爆发点，这种不利的舆论一旦形成会在相对封闭的微信公众平台信息场域内形成较大的“风浪”。

2018年至2019年，有几十所高校纷纷收到北京某知识产权保护代理机构的律师函或传票。多起案件系因相关高校二级单位或学生社团未经版权确认、未经授权而在学校官网、微信、微博和学生社团网站等应用场景中随意使用来自互联网上的音乐、影像、图片、文章、书籍而起。由于没有意识到版权等法律问题，造成了网络侵权，部分高校还要承担经济赔偿、公开道歉等法律后果，给所在高校带来了法律风险，也给学校声誉带来了一定影响，所以树立网络版权意识也是目前亟待引起重视的问题。

四、关于用户使用“微支付”等功能的思考

在调查问卷中，我们对同学们使用微信其他功能的情况进行了调查，有近75%的同学使用“微支付”功能，并与银行卡绑定（这一比例逐年上升）（图5-1）。由于微信中含有大量个人信息，因此其安全性显得尤为重要。

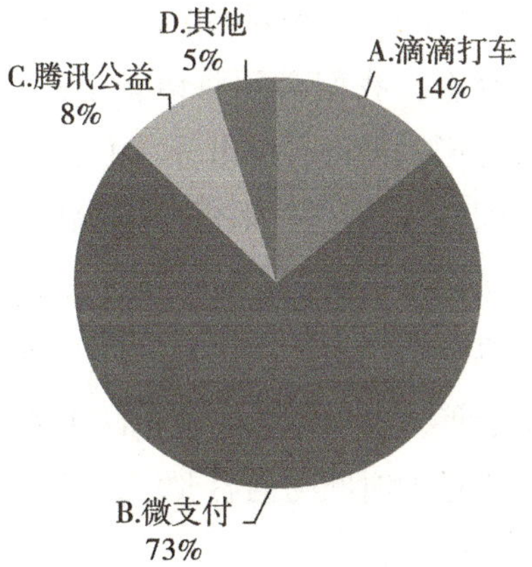

图5-1 您是否使用过微信的其他功能？

在2015年春节期间，微信红包不胫而走，一炮而红，短短几天内微支付绑定的银行卡数量超过2亿张。各类微信平台发送的红包难辨真假，随着微信支付功能的不断完善，一些高校的缴费功能也逐渐接入微

信平台，比如一卡通等常用工具。因此高校微信平台在涉入微支付功能时，要谨慎推进。

第二节　融合性是微信公众平台发展的趋势

随着媒介融合节奏的不断加快，高校微信公众平台逐渐涵盖图书信息查询、成绩查询等核心功能，推送消息包括校园动态、时事热点，综合运用语音、文字、图文、音视频多种形式。通过统计调查问卷数据，我们发现，以“河北大学青年”微信公众平台为例，作为以服务师生为主要目的的微信公众平台，“河北大学青年”存在着活动种类单一和与用户交互性差等问题。所以，无论是功能开发、推送形式还是在内容结构上，都需要进行新一轮的融合性开发。

首先，在功能上除了要完善已有的教务类信息的查询之外，还需要进一步开拓其他学习生活服务类功能，如巩固快递查询功能，开发订餐、自习室座位预订等一系列贴近用户生活的新功能等。尤其是和学生日常学习生活密切相关的功能，需要不断及时迭代和完善。

其次，在形式选择上，我们必须将语音消息、图文消息、文字消息、音视频消息等各种形式进行有机组合。由于用户浏览微信平台的终端不同、网络环境不同，导致用户对于不同形式的消息读取各有偏好。因而单纯为了加大一次性推送的信息量而过分注重多图文消息的推送和音视频消息的推送，难免产生整体阅读量降低的问题，甚至导致用户流失。所以，在推送信息形式的挑选上，应该注重多样、搭配、融合，尤其是信息流改版后，推送的时间与内容要仔细进行选择和甄选，以期达到较为满意的推送效果。

最后，在内容结构上，也需要进行融合性调整。根据使用与满足理论，人们在选择了特定的媒介或内容后开始具体的接触行为，而接触行为的结果有两种，即需求得到满足或没有得到满足。只有我们的内容均衡、全面，有一定的吸引力，才能在用户产生接触行为后逐步培养出用户的忠诚度。这就要求我们在今后推送的内容上，挑选出更有传播价值的信息进行传播。同时，单纯整合其他媒体上已经刊发的热点消息会使我们的内容滞后，缺乏时效性，须另辟蹊径，应结合校园优势，提升原创内容的比重，使推送内容更具吸引力。

第三节 支撑性是微信公众平台运营的要求

高校微信公众平台的网络使用环境是用户使用的重要支撑，调查显示，同学们目前所处的网络环境仍然以流量为主，只有不到 1/3 的同学使用了 WiFi（图 5-2）。

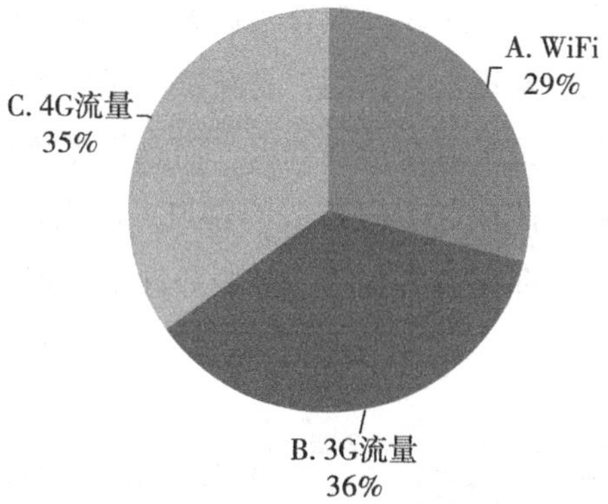

图 5-2 您使用微信的网络环境是？

因此加强学校网络的覆盖率，尤其是 WiFi 的覆盖率会极大提高用户的接受行为和增加用户的忠诚度。同时随着 5G 时代的到来，流量的容量将不再是用户首先考虑的问题，而信息传递的速度会更加成为用户关心的问题，一些大体量的信息对于用户的访问与打开将会产生影响。

同时加强功能覆盖的全面性，也是提高用户接受行为的基础。首先是引导功能，即微信公众平台账号在被用户添加后，发送的自动回复中有引导用户对平台账号的功能进行说明的语句，这样一来能使用户在添加后可进行下一步的选择，增加用户对账号的好感。在功能的设计方面，应有与学生生活息息相关的设计，如网上评教、图书信息、成绩查询、学术报告、社团活动、餐饮资讯、天气信息等多项功能，也正是这些功能，吸引并固定了一大批用户，从而便于用户巩固起对于账号的黏度。

第四节 发展性是微信公众平台完善的动力

校园文化作为一所大学的灵魂，展现了学校的形象与气质。我国越来越重视国家文化软实力的发展，文化对整个民族的发展起着精神引领的作用。校园文化建设是高校发展的重要内容之一，良好的校园文化可以提升学生自身素养，还能促进学生健康成长。

如何利用现代化传播手段，契合当代大学生的媒体使用爱好，使校园文化在传播过程中发挥良好作用，是新媒体时代的重要研究课题。

高校微信公众平台具有用户基数大、信息传播及时、互动性强、身份验证准确和受众主体地位突出等鲜明特点。问卷调查和访谈均显示，许多平台的信息发布存在着内容单一和服务性不强等问题（图 5-3）。

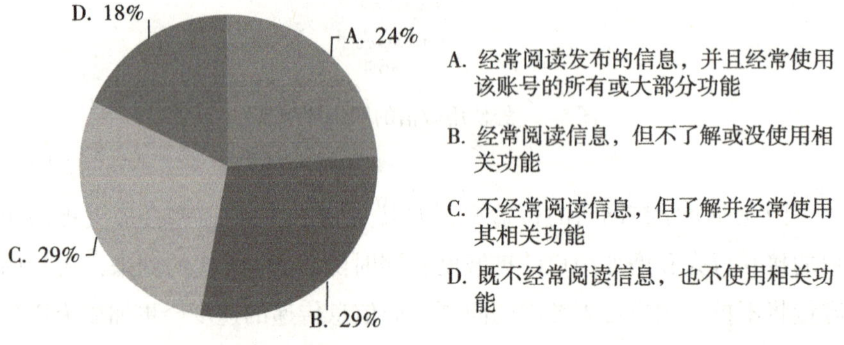

图 5-3 对于您所在学校的微信公众平台账号您的阅读频率或者互动频率如何？

在众多高校微信公众平台前期运营中，增加的受众数量多，增长速度快，很大程度上是因为高校大学生对于新鲜事物的普遍好奇，和对新技术、新媒介产生的兴趣，因此平台运营初期不断增加新功能，推出新内容，会激发用户接受行为的发生。然而随着用户媒介素养的不断提升，这种技术决定论会向用户决定论转变，用户的使用动机会成为引发使用行为的关键，因此高校微信公众平台一定要利用数据挖掘技术科学地分析用户的需要，调整运营方向，不断提升高校微信公众平台的建设水平。同时，随着腾讯公司对微信公众号推送内容的不断开放，微信公众平台所推送的图文消息已经能够在搜狗浏览器引擎中搜索，微信公众平台的用户通过分享行为也可把只有平台用户才能阅读的消息分享到朋友圈，微信公众平台推送的信息逐渐向大众化、社会化方向发展，这个相对封闭空间的边界逐渐在扩大、在消弭，因此由封闭空间传播方式向有限制的开放性空间传播方式的转变也需要引起高校微信公众平台运营者的思考。

微信是供人们共同交流的一款 App，可以提供通信与语音对话功能，这些都是微信的基本功能。近些年来随着科技的发展，微信也逐渐进行着必要的更新换代，微信凭借其便捷、方便、简洁等特点受到了广大人民的欢迎。一些报道显示，微信的使用频率已经超过了 QQ，成为我国人民最为喜爱的交流手段，不仅是在普通生活中，微信还被很多公司作为办公的通信软件。它不仅是一个简单的用于交流的普通工具，更是将人与人串联起来的社交工具。

高校微信公众平台一经推出就颇受广大在校大学生的欢迎，它弥补了微信人际传播的劣势，实现了一对多的公众传播，具有较大的影响力和更明显的传播效果。研究高校微信公众平台的用户接受行为，对于进一步厘清高校微信公众平台的传播规律、传播特点、用户需要和使用行为具有重要的意义。同时，当前高校的大学生具有较高的媒介素养，是未来的社会精英和舆论领袖，研究他们的接受行为对于未来媒体的发展趋势和受众需求，具有鲜明的前兆意义。

校园微信公众平台可以拓宽校园文化交流路径。微信公众平台具有较强的信息交互能力、沟通能力，这些是建设和传播大学校园文化所需的条件。因此，使用微信作为文化交流和沟通的手段是高校的必然选择。通过微信公众平台传播校园文化，可以使高校的文化交流传播方式多样化，高校文化建设变得更加时尚新鲜，并增强校园文化凝聚力。高校微信平台体现了学生、教师、各界人士对大学的关注，形成一个庞大的社交网络。

在本书中，我们着力通过数据的科学化分析，建立不同数据之间的相关关系，从而揭示不同的用户接受行为对微信公众平台的影响。对于用户接受行为影响的不同因子，建立了相应的模型。

但是在本书中仍然有许多不足，首先，本研究借用了网络动力学和流行病学的相关理论和模型，在理论的引用和模型的改造方面比较粗浅，仍然停留在现象层面，某些环节的研究不够深入，没有真正实现学科交叉。其次，本书以“河北大学青年”微信公众平台为例，虽然也搜集到沈阳教授团队排行榜中具有代表性的30个其他高校的微信公众账号，但是对于蓬勃发展的高校微信公众平台来说，选取的样本仍然是九牛一毛，所选取样本的信度和效度仍然有待提高。最后，在文章关于建立“图文推送消息影响因素模型”的研究部分，只列举了影响的因素和影响效果，力度稍显不够，仍然可以从量化研究的角度对各个因素进行赋值和计算，进而通过信效度的检验，赋予权重，建立回归方程，采用数值计算的方式，进行精准分析，期待在日后进一步的研究中能够将本书中的不足不断地予以完善和修正。

下　篇

高校抖音用户的使用与接受行为

第六章　高校抖音用户研究概述

中国互联网络信息中心（CNNIC）2019年发布的第43次《中国互联网络发展状况统计报告》显示，截至2018年12月，我国网民规模进一步快速增加，总数达8.29亿，普及率达59.6%，较2017年底提升3.8个百分点，全年新增网民5653万。我国手机网民规模达8.17亿，网民通过手机接入互联网的比例高达98.6%。手机网民群体已成为和PC端用户同等重要的网民群体，并且大面积重合的形态进一步形成。快节奏的学习工作节奏使得人们对于慢生活的追求逐渐淡忘，静下心来读一本完整的书，或者是在匆匆的旅途中看一眼窗外的风景，这些曾经习以为常的生活场景逐渐被移动互联网的迅猛发展而改变。在各种交通工具上，在各种碎片化的时间里，“低头族”已经成为视野所及的画面中最明显和统一的画面内容。智能手机成为人们每天必备不可或缺的通信设备，与其说是通信设备，不如说是人们每天不可缺少的消遣和娱乐方式。层出不穷的手游、各类聊天软件、朋友圈动态和各种娱乐新闻充斥着人们的日常生活。而自2018年逐渐火热的短视频也让大众耳目一新，大有取代微博、微信的态势，在掠夺用户的竞争中也不断“攻城略地”。

短视频的爆发经历了一个发展的过程，从2006年微视频概念的萌芽显现，到2013年移动短视频应用的产生，再发展到2016年短视频以“秒”为单位进行的传播，短视频的传播使得用户可以随时随地地使用移动设备进行拍摄并通过短视频平台完成制作、发布、评论和分享。短视频作为移动互联新媒体时代全新的信息传播形式，逐渐适应了当代社会的移动化、碎片化、社交化的媒介使用习惯，移动用户在信息获取、内容生产、移动社交等方面的需求逐渐向移动短视频形态偏移，短视频作为音视频传达、具有高维度拟合的超文本形式契合了受众碎片化的阅读需要，满足了人们一定时期内的“接受”需要，填补了“受众期待”需要。短视频平台更是依靠制作门槛低、娱乐性强、信息承载量大给用户带来了全新的社交体验，并快速占领了用户市场。

在社会科学文献出版社出版的《新媒体蓝皮书：中国新媒体发展报告（2018）》一书中，收录了北京电视台于烜博士撰写的《2017 年中国移动短视频发展报告》。于烜博士指出，2017 年中国短视频用户、平台、内容、商业、资本全面增长；平台头部日益凸显，梯次逐步清晰；短视频内容呈金字塔式分布，强头部 CP 形成，监管入场，行业发展不断规范。在短视频蓬勃发展的同时，也存在着内容审丑、低俗，发展同质、粗放以及广告经营小散零碎等问题。① 该文详细评述了 2017 年我国移动短视频的发展情况。相关数据显示，2017 年短视频用户规模已经突破 4 亿，平台数量快速增长，除了快手、美拍、秒拍外，火山、抖音和梨视频等独立 App 纷纷上市，迅速圈占了大量的用户。

在众多短视频平台研究中，有一个词出现的频率很高——头部平台，而在以往的新媒体，如微博、微信等研究中其很少出现。可见在短视频领域并没出现如新浪所属的微博、腾讯所属的微信那样一家独大的寡头局面，而是豪杰并起，群雄逐鹿。各大传媒集团和资本都在依托不同的平台进入这一新兴媒体的角逐之中，但是在互相竞争的过程中抖音和快手的高市场渗透率逐渐显现，两超多强的阶梯状格局逐渐形成。

本书将选取抖音短视频平台作为高校大学生短视频平台使用和接受行为研究的对象。

随着短视频及其平台的快速发展，国内学者也开始关注这一新兴的传播领域，并取得了一定的研究进展。

---

① 于烜：《2017 年中国移动短视频发展报告》，载《新媒体蓝皮书：中国新媒体发展报告（2018）》，社会科学文献出版社 2018 年版，第 227~241 页。

第一节　抖音等短视频平台的发展过程研究

中国传媒大学的王晓红等学者在撰写的《移动短视频的发展现状及趋势观察》文章中，通过对国内外具有非常典型代表性质的短视频平台进行对比研究分析，从目前发展状况、传播能力和传播类型等方面对国内外类似抖音这样的短视频平台的发展现状作了比较深刻的分析，相比国外的各类短视频平台，国内的这类移动短视频的优势在于产品的样式更加丰富，性能更加人性化，用户在这些视频中能够选择的互动和参与聊天的方式更加便捷。①

江西师范大学的王小龙在《社交时代移动短视频的传播特点探析》一文中提出自己的观点，他认为，无论是在移动短视频平台的应用过程中，还是从对抖音这类短视频平台的自身发展来看，平台、用户和社交是短视频传播过程中重要的元素。② 从出发点来看，这类移动短视频设立目的就是为了给客户带来更好的用户体验，从而增强自身的竞争力，打开市场，获取更好的市场收益。所以以用户的体验感受为中心成为短视频平台发展所围绕的核心着眼点，这样一种新的模式或者说营销模式的特点更加明显。用户在这种移动短视频平台上所担任的角色，不仅仅是用户，也是内容的生产者，还是传播者。因为这类短视频的用户普遍存在着社交性能强大的特点，短视频的传递依托所发布的社交网络更加易于传播。③

来自北京印刷学院的学者焦裕佳在其博士论文中从抖音的发展历程、内容传播者类别、平台受众现状和渠道现状对抖音的传播现状进行

① 王晓红、包圆圆、吕强：《移动短视频的发展现状及趋势观察》，载《中国编辑》2015 年第 3 期，第 7~12 页。

② 王小龙：《社交时代移动短视频的传播特点探析》，载《科技传播》2017 年第 14 期，第 79~80 页。

③ 田斌：《移动短视频应用的内容生产及传播模式研究》，河北经贸大学 2018 年博士论文。

了分析。他指出平台中意见领袖的传播内容与普通用户所生产的UGC内容相比更偏向于专业性与垂直性，这些内容的传播尽管碎片化但也具备知识性。抖音的用户群体年轻化，以青年群体为主，部分视频内容会对青少年的成长产生影响。在传播渠道上，内部自建内容的生态闭环和依托其他站外平台进行内容联动共同发生作用。①

第二节　关于抖音平台内容生产、传播内容方面的研究

太原师范大学的研究者马瑶认为抖音短视频的内容种类十分丰富，涵盖现实生活的方方面面，总能给使用者带来意想不到的惊喜。大量的内容形成了抖音短视频多元化的特点，同时还具有趣味性、共享性、新鲜性、互动性等特点。抖音短视频的氛围大都凸显出娱乐化、社交化和个性潮流化、创意化等特征，许多抖音短视频会在不经意间与观众产生情感共鸣，使其用户数量和传播广度逐渐加大。②

河北大学新闻传播学院的杨誉芳、贾文文两位学者从接受美学的视角切入，对抖音短视频的走红现象进行了剖析。两人指出，新媒体环境下的音乐短视频表现出创作的便捷性和极强的社交性，以抖音为代表的短视频App近年来呈现爆炸式增长，其走红现象引发学界广泛关注。接受美学是反映创作、作品、读者之间关系的一门学问，采用以读者为中心的研究视角。他们从接受美学视角观察音乐短视频走红现象，分析其在新媒体环境下的接受环境，进而从创作分析、接受分析和价值分析三个角度，分别运用接受美学中隐含的读者、期待视野和召唤结构理论对其进行了解析。③

① 焦裕佳：《抖音短视频传播价值分析》，北京印刷学院2018年博士论文。

② 马瑶：《新媒体视域下"抖音热"现象探析》，载《视听》2019年第1期，第125页。

③ 杨誉芳、贾文文：《接受美学视角下音乐短视频走红现象研究——以抖音APP为例》，载《视听》2019年第1期，第123~124页。

中山大学南方学院文学与传媒学院的蔡舒敏认为，抖音平台中同质化现象成为重灾区，同质化内容过多，视频传播速度快，传播范围广，监管难度大，用户容易产生审美疲劳，降低使用的好感度。同时内容趋向低俗、泛娱乐化，把发布的内容和受众猎奇性程度当成正比，成为低俗文化的搬运工。①

第三节　关于抖音平台内容分发及算法推荐机制的研究

抖音平台作为近两年活跃的短视频平台，其用户既是内容的生产者又是其他视频内容的接收者、传播者，具有双向的使用属性。随着大数据的发展与广泛应用，数据化运营成为抖音等众多短视频平台进行内容分发的新模式，平台的运营更加精准化。

河南大学新闻与传播学院的学者王海燕认为算法推荐在互联网时代并不是新生事物，在移动互联的早期就已经得到应用，新浪、搜狐、网易等门户网站，苏宁、京东、淘宝等电商平台都较早地尝试和探索过基于用户大数据的算法推荐功能；而抖音能快速走红网络主要依托其强大的算法推荐功能，抖音首页的视频推荐是计算机智能算法和人工筛选审核共同作用的结果，抖音的智能算法推荐主要包括基于用户基本信息的协同过滤、基于用户社交关系的精准推荐和基于内容流量池的叠加推荐。虽然依靠其智能的算法推荐，抖音在目前的竞争中不断攻城略地，但是也面临着内容庸俗、娱乐消费过度等问题。如何通过优化算法推荐、创新产品功能、加强内容管理来强化平台头部的地位，更好地优化使用体验是摆在抖音运营团队面前急需解决的问题。②

浙江传媒学院的李墨涵认为抖音平台通过对短视频内容进行智能分

---

① 蔡舒敏：《抖音的用户使用偏好及平台可持续发展探讨》，载《新媒体研究》2018 年第 24 期，第 32~33 页。

② 王海燕：《抖音的算法推荐特点分析》，载《新媒体研究》2018 年第 20 期，第 21~22 页。

发、叠加推荐等方式精准地抓住用户的注意力，其视频流主要依赖算法推荐机制，但对于算法的依赖会导致信息蚕房效应、同质化等一系列问题。在运营中要格外关注技术带来的负面影响，完善多指标的推荐系统。① 郑州大学西亚斯国际学院的唐丽佳和郑州师范学院的赵志奇两位学者在《大数据视野下抖音传播方式及问题分析》一文中就抖音算法的局限性作了较为深入的分析。抖音作为一个音乐短视频社区平台，将大数据技术应用到产品的开发和服务过程中，精准推送基于“个人偏好”的个性内容，并且基于“用户体验”对软件界面的开发创新，取得了不俗的成绩。但是传播内容日渐浅薄化、低俗化，审美取向和社会价值观单一等也成为影响抖音发展的重要因素。单一的算法推荐会使得用户兴趣固化，视野越来越窄，收到的内容全是“同质化”的自己所喜爱的内容，产生审美疲劳，导致用户流失。②

① 李墨涵：《抖音算法推荐机制的局限与对策分析》，载《新媒体研究》2019年第2期，第28~29页。

② 唐丽佳、赵志奇：《大数据视野下抖音传播方式及问题分析》，载《编辑学刊》2018年第11期，第52~56页。

第七章　抖音等短视频平台的发展与接受情况

第一节　抖音短视频平台的概念与发展

短视频即短片视频，是一种互联网内容传播方式，一般是指在互联网新媒体上传播的时长在1分钟以内的视频传播内容。随着移动终端普及和网络的提速，短平快的大流量视频内容逐渐获得各大平台、粉丝和资本的青睐。随着网红经济的出现，视频行业逐渐崛起一批优质的内容制作者，新浪、腾讯、阿里、今日头条等新媒体巨头纷纷入局短视频行业，成立相应的短视频平台并募集了一批优秀的内容制作团队入驻。到了2017年，短视频行业竞争进入白热化阶段，内容生产也从最初的UGC（User Generated Content，用户生产内容）偏向PGC（Professional Generated Content，专业生产内容）化专业运作。随着智能手机运用的范围越来越广泛，移动短视频成为近两年新媒体行业增速最快的黑马。能够在各种新媒体平台上播放的且适合在移动状态和短时休闲状态下观看的、高频推送的视频内容，几秒到几分钟的时长不等，内容融合了技能分享、幽默搞怪、时尚潮流、社会热点、街头采访、公益教育、广告创意、商业定制等主题，成为移动短视频或手机短视频能够被广泛使用的重要原因。

在竞争白热化的短视频市场中，抖音App快速发展，迅速占领了平台头部位置。抖音，是一款可以拍短视频的音乐创意短视频社交软件，该软件于2016年9月上线，起初是一个专注年轻人音乐短视频的社区平台。用户可以通过这款软件选择歌曲，拍摄音乐短视频，完成自己的作品。①

抖音软件从设计、发布到现在的异军突起大致经历了以下三个过程：

1. 2016年9月至2017年3月，技术迭代、用户积累期

这一时期抖音平台刚刚上线，对于潜在的用户感受和使用习惯都还没有较为清晰的认识，在这一阶段中每隔10天左右“抖音”平台就会进行一次技术的更新和版本的升级。从1.0升级到1.4.0共经历了12个版本。在抖音上线之初，小咖秀、快手和美拍是移动端短视频领域的明星产品，尤其是快手平台更是在移动短视频领域占尽了先机。在抖音刚上线之时，快手就已经拥有了近3亿的用户数。快手一直遵循去中心化的发展方式，不去刻意区分用户的等级和影响力，一切内容的推荐都以算法推荐为主，每一个内容生产者都有着平等的被推荐机会。正如快手的广告所展示的：生活没有高低，每个人都值得被纪念。因此快手迅速抢占了平时在互联网端很少发声的三四五线城市和广大农村的市场，将整个中国的社会百态呈现在平台上。由于信息过度的分散和生活化，许多年轻用户尤其是新兴一代关注时尚与潮流的年轻人，开始产生了新的信息需要，而抖音便从音乐短视频这个细分方向切入，短视频融入音乐元素，主要针对青年用户，以及其主要关注的时尚潮流和音乐话题。通过不断的版本更新和技术创新，抖音逐渐明晰了潜在用户的画像，更加有针对性地拓展平台的功能。在这个过程中，抖音平台主要呈现以下3个特征：

①着眼于产品本身，围绕用户需要进行自我的更新与改进，不断地提升用户的使用体验，重视种子用户和潜在用户的反馈诉求，不断地进行基于用户需要的技术迭代。

---

① 参见抖音百度百科，https：//baike. baidu. com/item/抖音/20784697？fr = aladdin。

②增添与现有新媒体平台的融合入口，增加了通讯录好友、微信、QQ 等平台的入口，就现有的新媒体平台开展自传播的推广活动，借助社交关系网络进行用户的引入。

③抖音平台上线之初，以“A. me”命名，但仅上线三个月就更名为“抖音”，相对于“A. me”，“抖音”更加便于熟记和推广，更加有利于品牌的树立和扩散。

2. 2017 年 3 月至 2018 年 4 月，宣传营销及用户推广期

这一阶段抖音平台的技术构架基本与用户需求达成相对一致的平衡，开始进行进一轮的宣传营销。2017 年 3 月 13 日，岳云鹏在微博转发加有抖音水印的视频，引起广大用户的热烈讨论，抖音这才第一次大范围地进入用户的视野中，从而有了第一次的快速增长。

这是抖音推广的第一个营销案例，该视频开始在抖音平台传播，广大网友通过微博平台转载，并@ 相声演员岳云鹏，岳云鹏也通过微博积极回应。此后抖音开始大规模地进行运营推广，抖音开始陆续进入传统新媒体用户的关注视野。

2017 年 4 月 10 日，胡彦斌携手单曲《没有选择》进入抖音。

6 月，抖音首支 TVC（商业电视）广告问世。

7 月，两款现象级 H5《世界名画抖起来》《找啊找啊找爱豆》迅速刷爆朋友圈，为抖音带来巨大流量。

7 月 20 日，鹿晗新歌《零界点》首现抖音，利用粉丝效应带来了流量和话题。

抖音赞助选秀节目《中国有嘻哈》，该节目的音乐类型与抖音的产品定位和目标用户特性非常贴合，节目中的一些音乐曾屡次在抖音中掀起音乐风暴。

9 月，抖音联合摩拜，发布首款嘻哈主题单车。跨领域合作，结合当前火热的两种元素进行宣传推广，发起挑战活动，使得抖音深得年轻群体的推崇和喜爱。①

---

① https：//www. jianshu. com/p/bc97d58696f1。

图 7-1　抖音联合摩拜推出嘻哈主题车活动

标志性的营销事件是 2018 年 1 月与《百万英雄》合作，开启在线答题活动，借助精品活动优化产品功能，积极开展口碑营销，实现用户的积累。在 2018 年春节期间增长了近 3000 万的用户，牢牢地进入短视频领域的平台头部。而 2019 年的春节，抖音成为央视春晚的独家社交媒体传播平台，让春晚变得更年轻、更加吸引年轻人，也使得抖音得以突破年轻人的使用限制成为国民社交软件。

3. 2018 年 4 月至今，运营调整、法制化规范期

随着平台用户数的大量增加，用户生产的内容也呈几何级数增长，大量的低俗或庸俗化视频出现。

2018 年 4 月 11 日，抖音官方表示自即日起，抖音平台将对系统进行全面升级，其间直播功能与评论功能暂时停止使用，升级完毕后会再次开通。同日，暂停短视频外链直接播放功能。

2018年5月6日，抖音邀请社会各界、广大用户代表和专家学者，面对面地研讨拟订《抖音社区公约》。

2018年6月，国资委新闻中心携中央企业媒体联盟与抖音签署战略合作协议，首批25家央企集体入驻抖音，包括中国核电、航天科工、航空工业等，昔日人们印象中高冷的央企，正在借助新的传播形式寻求改变。此前，七大博物馆、北京市公安局反恐怖和特警总队、共青团中央等机构也开始入驻抖音等短视频平台。除了娱乐、搞笑、秀“颜值”、秀舞技，不少传播社会主义核心价值观的内容开始在短视频平台上流行起来，更多积极舆论导向和正能量十足的视频逐渐被算法优先推荐。

第二节　抖音等短视频平台的特征分析

在2015年左右，业内人士就对移动互联网发展和竞争趋势进行了预判，认为短视频会成为较为吸引大家眼球的移动互联新的增长点。从初期的秒拍、美拍、小咖秀、微视，再到二更、梨视频以及目前炙手可热的抖音和快手，短视频作为视听兼备的具有较高维度的媒介文本形式，具有篇幅小、碎片化和去中心化的特点，依靠丰富的内容创作和强大的信息承载能力，迅速吸引了广大年轻用户（表7-1、图7-2）。

表7-1　　**当前热门短视频分类**

分类	包含的短视频平台种数
腾讯系列	QQ空间、微信朋友圈、快手、腾讯微视
新浪系列	秒拍、酷燃
阿里系列	淘宝、土豆
今日头条系列	西瓜视频、火山小视频、抖音、muse
百度系列	好看视频、秒懂
360系列	快视频、快剪辑

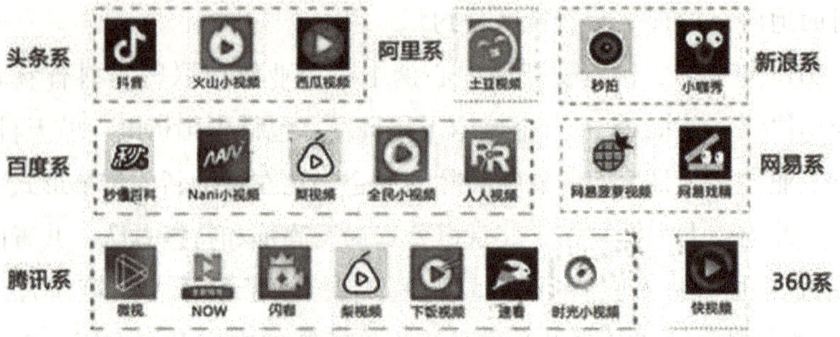

图 7-2　移动短视频的归属和布局情况

在短视频市场激烈的竞争中，各个平台也都在不断探索所对应的目标人群，期待描绘更加清晰的用户画像，期待其所生产的产品针对性更强、对应的市场更加明确。下面就竞争力较为强劲的几大平台的特点作个梳理和归纳：

快手：快手平台以记录普通人的生活为核心理念，是目前短视频市场中渗透率最高并且拥有用户人数最多的 App。其 2011 年 3 月就已经问世，最初是一款用来制作和分享 gif 图片的手机应用。2012 年 11 月快手从纯粹的工具应用转型为短视频社区，成为用于用户记录和分享生产和生活的平台。快手始终保持着稳固领先和增长的趋势。快手的理念是最大限度地尊重用户，虽然也引进了推荐算法，加入了人工智能系统，但是核心是提高用户体验和效率。其对用户的观察主要来自旁观他们在快手上的接受行为。与其他移动短视频 App 相比，其几乎不做相关活动来运营用户，也不在网红和明星身上投放更多的资源，形成“草根网红收割用户的生态系统”。值得一提的是，正是这种理念使得快手 App 成为 ios、Android 两大市场的大赢家。① 在两大软件下载市场中快手产品的反馈和评论是最多的，并且远远高于美拍和抖音。但快手的用户往往集中在四五线城市，同时在年轻用户、高收入高学历用户的

① 数据来源：七麦数据。

群体中占有率不如抖音。

美拍：美拍短视频 App 以女性潮流短视频社区为建设目标，2014 年 5 月上线。其涵盖搞笑、美食、音乐、舞蹈和直播等丰富的内容和强大的编辑功能。在前期的用户导入上，其利用绑定微博等社交软件把社交关系导入到美拍社区上，又利用一键分享到其他平台的方式引发关注度，进一步有力地扩大了自身的影响力。同时美拍在进入市场的前期，利用明星效应尤其是各类明星的直播为产品的推介和粉丝用户的迅速壮大提供了强大的动力。其借助视频特效和人像特效等技术优势，更利于培养并吸引网红群体。其上线 9 个月后用户量就突破了 1 亿，上线不到一年，日活跃用户数就达到 1431 万。

秒拍：秒拍 App 具有先天的竞争优势，其 2013 年 8 月上线时就作为新浪和微博手机客户端的内置应用，早期借助社会热点事件，利用微博这个成熟的社交平台，通过资源共享迅速得到了大批的流量。2014 年冰桶挑战进入国内，大批明星在微博上开始接力，72 小时内，就有 100 多位明星发布了挑战的视频，最后共计 2000 余位明星参与。秒拍日活跃用户迅速达到 200 万个。其中有个重要的标志性人物就是“Papi 酱”，其可以算是短视频时代早期网红的代表人物。2015 年 8 月，“Papi 酱”发布了一系列特点鲜明的短视频，尤其是发布的“男性生存法则第一弹”在微博上引发万次量级的转发和评论，之后推出的类似于马桶盖、上海话+英语等系列短视频也收获了大量的粉丝，可以说是秒拍视频的传播模式的缩影。

小咖秀：创意搞怪视频成为其不同于以往视频软件的显著特点。其界面简洁，用户可以选择喜欢的音频进行视频创作，同时为了更加人性化，便于用户使用和拥有良好的使用体验，它还提供了字幕等功能。其数据库强大，内置了很多用户耳熟能详的经典音乐和影视桥段，可供用户自由选择，还有大量的在线音频可供使用。尤其是 2016 年，当时电视剧《甄嬛传》正在热映，同时《欢乐喜剧人》这档娱乐节目也有极高的收视率，一时间以宋小宝竞演的甄嬛题材的作品作为小咖秀创作素材的短视频刷爆了微信朋友圈，经常可以听到“自从入宫以来啊”这类的小咖秀搞怪模仿作品。

在头部的短视频平台中还有诸如以直播和视频并列的火山小视频和西瓜小视频等平台，在此就不一一赘述。

我们现在把视角切换回抖音。据海马大数据网显示，2017 年 10 月抖音在全网的讨论热度开始飙升，并于 2018 年初超过快手。

从图 7-3 中我们可以看出，在 2018 年抖音取得了突破性的增长，增速远超其他竞争产品。相关数据显示抖音获取了更多非快手的新用户或者是离开快手的用户，这对抖音来说无疑是一条利好消息。

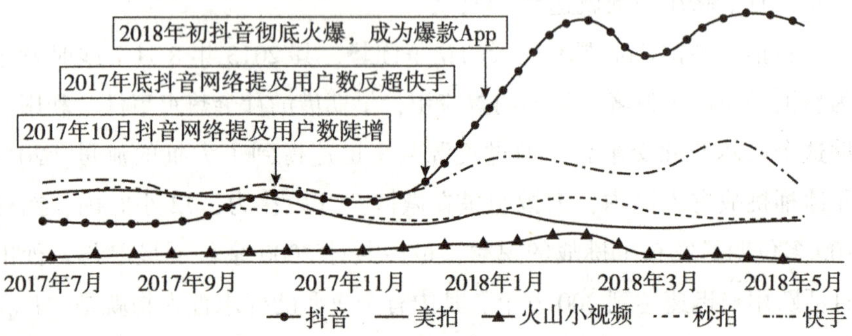

数据来源：秒针socialpanel　数据时间：2017年7月1日—2018年5月31日

图 7-3　移动短视频的归属和布局情况

下面我们从四个方面分析抖音不同于其他短视频平台的特征。

一、UGC+PGC 的内容生产模式使抖音平台的内容更加丰富和立体

首先，抖音短视频平台在建立之初以音乐短视频为主，致力于打造“专注年轻人使用的音乐短视频社区”，但随着人气的快速增长，平台的内容也在不断突破，各类视频也不断冲破人们的期望阈值，给使用人群以新的使用体验。只需要一部手机，用户就可以参与到信息生产和传播的过程中来，无论是内容的生产、制作、加工、分享还是评论，较低

的使用门槛使大量用户使用短视频平台进行视频创作。UGC 用户成为移动短视频平台内容的主要生产者。正因为其一开始“音乐短视频”社区的定位，使得诸如《纸短情长》《往后余生》《沙漠骆驼》等网红歌曲快速蹿红，吸引了大批时尚年轻人的进入。作为典型的 UGC 内容生产平台，多元化的内容为平台带来了大量的流量。生活记录类、创意搞笑类、技能展示类成为抖音中视频内容的主体。然而正是因为 UGC 大量视频的涌现，也出现了原创内容模仿成风，同质化现象严重的情况，内容的质量也良莠不齐，比如一夜爆红的温婉和屡见媒体曝光的模仿抖音失误受伤的新闻，也使得抖音平台加强了对内容审核的监管力度。

其次，虽然与 UGC 生产内容的数量无法进行比较，但是 PGC 生产的内容往往传播效果更为显著。相关数据显示，尽管 UGC 用户贡献了 80%以上的视频内容，但是专业的 PGC 视频以其高质量的视频制作获得了 80%的播放量。“二八”效应逐渐凸显并且成为相对固定的传播格局。PGC 生产者往往在内容的选题、策划、拍摄和推广方面具有更加专业的背景和雄厚的实力，优质的内容才能够保证用户对于平台的黏性。值得注意的是，在抖音平台中，用户并不排斥有创意的广告，比如图 7-4，必胜客的抖音账户所发布的广告就比一般抖音用户更加专业，并且让用户在观看时更加放松，同时引入的相关的线上线下商业互动模式使得用户的体验感更强。

最后，大量政务账号、央企账号的进入使得抖音平台的正能量不断提升。2018 年 6 月首批 25 家央企集体入驻抖音，截止到 2018 年 12 月已经有 5724 个政务号登录抖音，它们发布了 25. 8 万个短视频，累计获赞超过 43 亿。1334 个媒体号发布了超过 15. 2 万个短视频，累计获赞超过 26 亿。大量政务号和媒体号的加入一方面使得抖音视频的质量有明显的改善和提升，同时也使政务和媒体相对刻板的信息发布变得更加

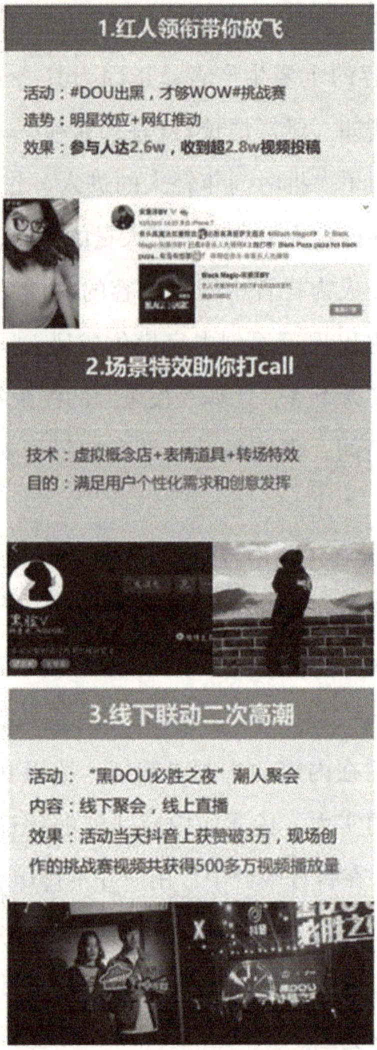

图 7-4 抖音与必胜客合作的商业推广

活泼和接地气。①

以“共青团中央”政务号为例，其定位明确，立足于传达爱国情

① 数据、统计图来源于字节跳动算数中心，https：//mp. weixin. QQ. com/s/xgbOrftIRYrDBd13LPMhlQ。

感和时代精神，培育社会主义新青年，整合了多渠道的资源，创新了传播方式，建构了人格化的新媒体形象。其善于应用情感归属与网友互动，将青年人特有的情感元素激发外化显现出来，升级为国家力量和时代力量的表达，这是泛娱乐时代的稀缺品（图 7-5）。

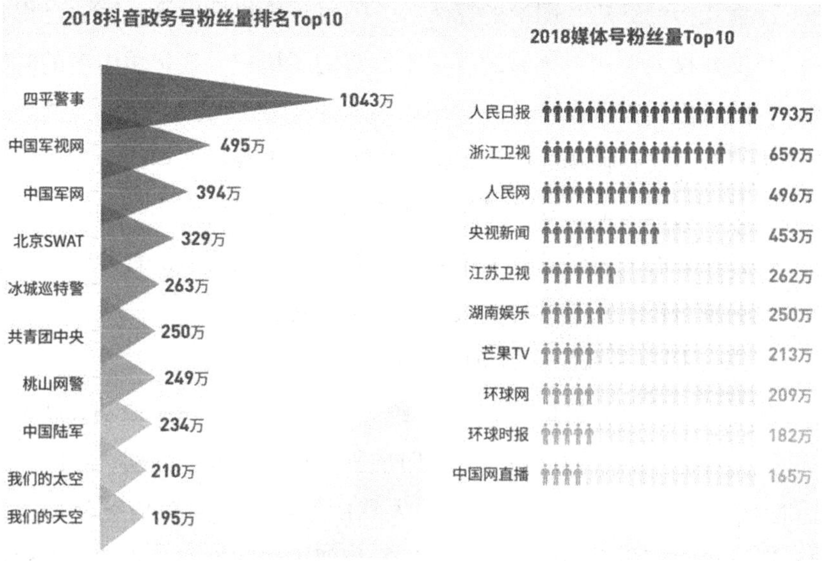

图 7-5 抖音政务号、媒体号粉丝数量排名

二、多重算法推荐，解决用户“没有内容可看”的困境

近一阶段以来，算法成为新闻传播学研究领域的“网红”，计算科学、情报科学、社会网络科学等自然科学研究方法和研究工具逐渐被引入到新闻传播学领域，借助先进的可将数据公式化和结构化的研究工具，原本在理论描述中的传播规律和效果评价真正得以量化并以图示化的方式进行表达，一些原本模糊的关系和不曾发现的现象联系逐渐被揭示和认可，从而为新闻传播学领域的研究开拓了新的研究空间。

算法是解题方案的准确而完整的描述，是一套相对完整的具有较强逻辑性的命令，算法代表着用系统的方法来解决问题的策略机制，也就是说，可以在特定规格输入的有限时间内获得所需要的输出。不同的算法可能由不同的时间、空间或效率来完成同样的任务。算法本身并没有优劣之分，更多地是以用在解决问题时需要的空间复杂度与时间复杂度来衡量。① 算法大致分为基本算法、数据结构的算法、数论与代数算法、计算几何的算法、图论的算法等。随着计算机的发展，算法已得到广泛开发并投入应用。优秀的算法不但节约了用户寻找优质内容的时间成本，同时也使得平台运营商对用户基本情况有了大致的了解。诸如一些外卖平台在用户使用时就会就近推荐外卖商家或按照用户的使用习惯推荐最感兴趣的菜品，这都是算法在移动社交领域的应用。

抖音在短时间内迅速扩大市场、积累用户，其背后的智能算法团队可以说功不可没。抖音的算法大致有以下三种方式：

1. 基于用户基本信息的协同过滤

基于用户基本信息的协同过滤是抖音整个算法体系中最基础和最简单的基础算法。抖音通过用户注册时的基本信息，如：性别、年龄、地址和基本兴趣点对用户的画像有了大致的描绘，然后在信息分发过程中，通过考虑用户之间的相似程度进行相似内容的推荐。我们可以构建这样一个推荐模式模型（图 7-6）。

假如 A、B、C、D 的基本信息较为相似，那么前期在 A、B、C 共同感兴趣的内容或产生点赞、评论、转发等使用行为的内容会较为优先推荐给 D。通常针对平台用户的初期使用阶段以这种获取数据的方式为主。比如在抖音的主界面，分为同城和推荐两个模块，推荐模块一个重要的原则就是视频内容和用户兴趣的匹配程度，匹配程度越高的信息越能够被推荐。

2. “去中心化”的精准推送

社交媒体最重要的原则就是“去中心化”，每个用户都是传播场域

---

① 算法，百度百科，https：//baike. baidu. com/item/% E7% AE% 97% E6% B3%95/209025？ fr=aladdin#ref_ ［1］ _7420。

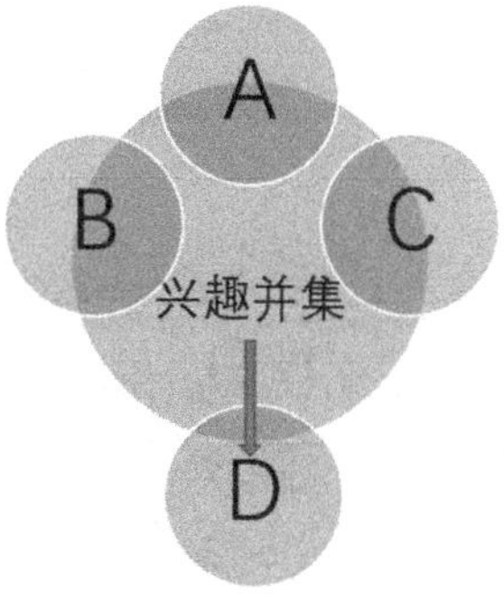

图 7-6 基本信息协同过滤模式图

中的节点，每个节点都可以独立生产内容，拥有一定量的话语权，而不是内容集中于少数的关键用户。在这种“去中心化”的精准推送中，内容和社交关系成为被抓取且作为信息精准分发的主要依据。

这一类的精准算法可以分为两大类：一类是以内容兴趣点为筛选维度的推荐，这个维度在现实的社交环境中联系较弱，甚至没有联系；另一类是以社交强联系为筛选维度的推荐，在通讯录中的好友、同学都会成为推荐所抓取的对象，重合部分往往会获得较高的评价。

内容维度可以理解为以相同的职业、爱好、话题组成的相近兴趣的集合，如图 7-7，纵向的椭圆为基于内容兴趣点的图示，每个方形图案代表所感兴趣的视频。平台基于用户使用行为的习惯，诸如点赞、评论、转发等行为，通过数据驱动的方式挖掘用户的兴趣点，从而进一步取悦用户，增加黏度。

但是正是这种以兴趣为标准的推荐模式牺牲了用户多元化获得信息的“权利”，限制或影响了用户改变兴趣的想法，这种精准内容推荐的模式使得用户的接受内容过于一致化或单一化，会形成审美疲劳。同时也限制了用户获得视频的类型，只能局限于相对熟悉的领域，陷入固化的信息空间中，形成一个信息的孤岛，“信息蚕房”效应不断叠加。“信息茧房”概念是由哈佛大学法学院教授、时任美国总统的法律顾问凯斯·桑斯坦在其 2006 年出版的著作《信息乌托邦——众人如何生产

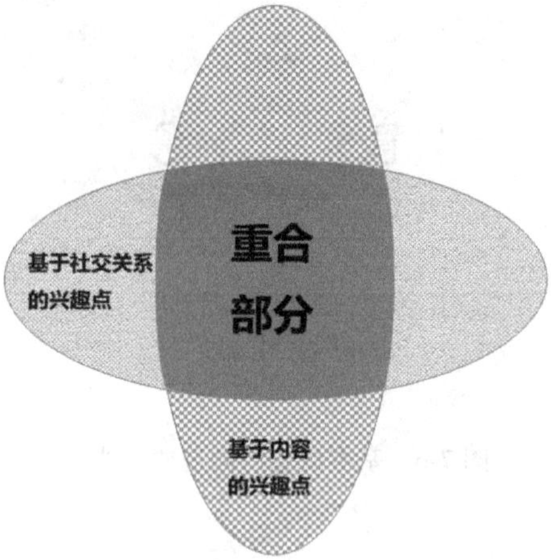

图 7-7　“去中心化”精准推荐模式图

知识》中提出的，指的是信息个性化技术使得人们产生减少阅读多样化内容的趋势，由于个性化推荐系统是根据用户已有的阅读偏好进行关键词匹配和推荐，一些相似性较低的内容基本上不会被推荐，用户的阅读内容会变得狭隘。通过对互联网的考察，桑斯坦指出，在信息传播中，因公众自身的信息需求并非全方位的，公众只注意自己选择的东西和使自己愉悦的领域，久而久之，会将自身桎梏于像蚕茧一般的“茧房”中。

社交关系维度可以理解为以现实的社交关系为连接的集合，如图 7-7 横向的椭圆为基于社交关系的图示，每个灰色（比较小且比较密集）的原点代表社交圈中用户生产和收看的视频。每个人的社交圈都随着移动互联网技术的进步而不断扩大，但是用户本身和现实社交中好友的关注点相似性不高，所以这个横向椭圆内关注点的数量纵向多，但是颜色和大小（颜色和大小代表用户对信息本身的感兴趣程度和喜好程度）并不那么强烈和突出。正是基于这种算法推荐使得用户在抖音使用过程中通常会看到通信录好友发布的内容，平台通过算法也优先推荐强关系的好友发布的内容。

3. 流量池的叠加推荐

与算法的出现类似，流量池也是近段时间以来频繁出现的热门词。这里需要指出，之前在新媒体研究领域里流量思维是较为集中的研究热点，甚至有学者指出得流量者得天下。流量池思维和流量思维是两个概念，流量思维是指获取流量后变现流量，流量池思维则是要获取流量并通过存储、运营和发掘等手段，再获得更多的流量。流量思维和流量池思维最大的区别就是流量获取之后的后续行为，后者更强调如何用一批老用户找到更多新的用户。通常来讲，在内容流量池表现较好的视频内容往往会进入叠加推荐的行列，从而获得更多的阅读和点赞。叠加推荐是以内容的综合权重作为评估标准，综合权重的关键指标有：完播率、点赞量、评论量、转发量，且每个梯级的权重各有差异，当达到了一定量级，平台以大数据算法和人工运营相结合的机制不断对其进行推荐。① 比如当你发布一条视频时，平台会自动分配到一个流量池中，分发到一定数量的用户的推荐界面，然后通过统计这个视频的播放效果，形成一个加权分数，转发量、评论量、点赞量的权重依次递减，分数越高则获得叠加推荐的机会越大，播放效果好的视频会再次加入流量池进行更大范围的分发，而表现较差的视频则失去了被推荐的机会，沉淀至流量池底部。第二次推荐如又获得比较好的反馈则进入下一轮的推荐，从而获得更大的推荐（图 7-8）。

三、明星进驻、网红城市和综艺节目合作、粉丝效应助推平台流量

上文提到，在抖音这两年的发展过程中，众多明星的加入成为其快速发展的重要原因。2017 年 3 月岳云鹏转发的关于带有抖音水印的视频使得第二天抖音就冲上了微博的热搜榜。之后胡彦斌在抖音发起的音乐视频挑战活动更是带动了一大波流量。目前诸如关晓彤、吴亦凡、贾

① 王海燕：《抖音的算法推荐特点分析》，载《新媒体研究》2018 年第 20 期，第 21~22 页。

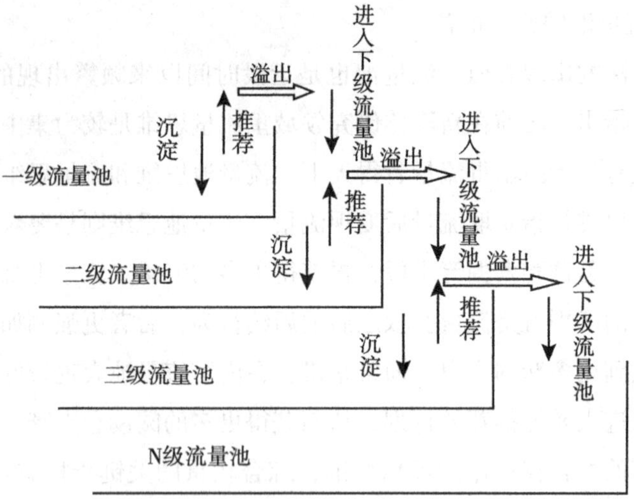

图 7-8 抖音流量池算法推荐模式

乃亮等明星在抖音上的粉丝更达千万级，迪丽热巴更是以不到两天就以吸粉 250 万的业绩，4000 万+的粉丝量，坐稳了“抖音”女王的位子。据秒针大数据统计的数据，明星在抖音发布视频所获取的点赞量要远远大于微博，或者说其粉丝在抖音平台对明星的追捧和支持程度更加明显和直接（图 7-9）。

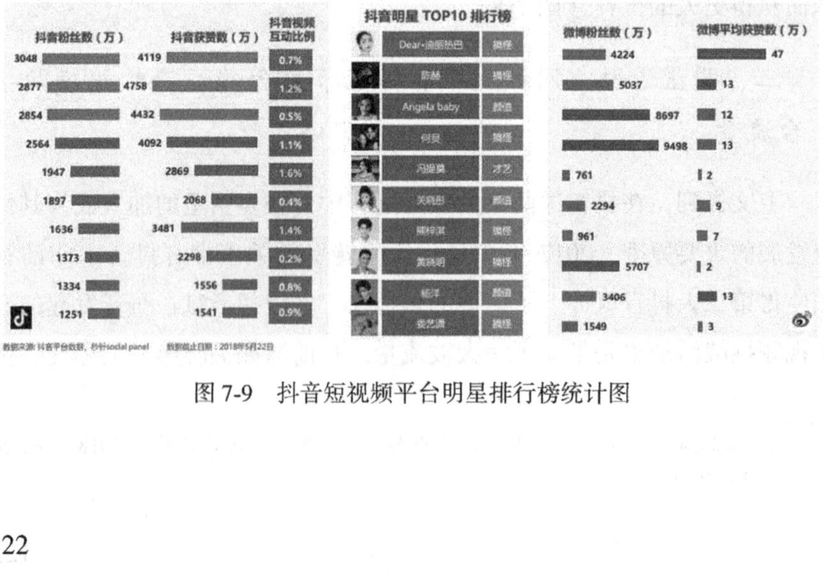

图 7-9 抖音短视频平台明星排行榜统计图

明星作为公众人物，本身就带有大量级的流量和影响力，在早期的微博环境中，明星的流量效应就十分明显。而在抖音中，以短视频的方式可以让明星的粉丝和各种应援更加真切地参与与明星见面的拟态环境和直接互动之中，同时在抖音环境中，拍摄内容相对活泼，使得普通人与明星的亲近感更强。同时粉丝也参与到了明星发布视频的传播过程中，除了简单单一的转发，其中点赞和评论也增加了视频本身的热度，加重了被大量级推荐的砝码。

抖音的城市题材拍摄也促成了一批网红城市，这些视频往往聚焦于城市的地标建筑、特色商业区和人文景点，成为抖音用户观光旅游必打卡的地方，同时模仿热门视频的再次创作，导致新的网红地域不断得到催生。2017 年以来，抖音在全国各地，结合地方特色举办系列活动，如在成都举办“抖在成都”活动，在福州举办“抖音上瘾 · 一闽惊人”活动，在北京举办“抖音 idou 夜”活动，等等，创造抖音达人与抖音用户在现场热聊、尬舞、拍抖音的互动，面对面分享创作技巧和心得，调动用户的积极性。2018 年 5 月 29 日，由大同市旅发委主办，大同市旅游集散中心、大同市企划学会承办的“让大同抖起来”抖音大赛以抖音视频为载体，面向社会各界征集反映大同旅游美好时刻、充满创意的抖音作品，通过抖音视频与大同文旅的结合，展示大同旅游的精彩内容和文化魅力，利用抖音进行实地推广，活动取得了很好的效果。① 字节跳动算术中心发布的《2018 年抖音大数据报告》对这一年抖音平台中涉及的城市和景区进行了统计，具体排列情况见图 7-10。

以成都为例，其可能是最早的网红城市，从大熊猫繁育基地到锦里，从宽窄巷子到春熙路，尤其是一首民谣《成都》让这里名扬天下，很多年轻人不远万里来到成都，寻找在抖音中所看到的大熊猫繁育基地和富有人文气息的城市景象。网红城市也带动了大量的抖音用户流量，城市形象题材的视频成为抖音中重要的内容类型。

---

① 郭涵：《抖音 APP 发展现状》，载《现代商贸工业》2018 年第 34 期，第 49~50 页。

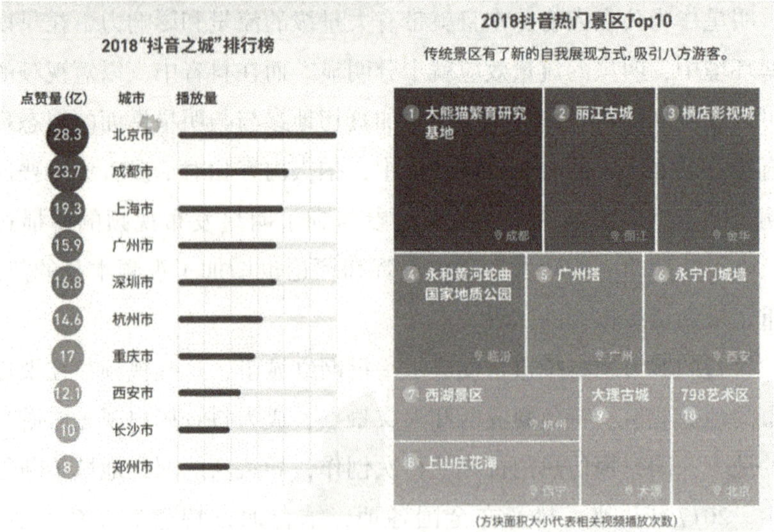

图 7-10 抖音短视频平台涉及的热门城市和景区统计图

此外，抖音与综艺节目的融合也成为引入流量的利器，《中餐厅》《高能少年团》《明星大侦探》《中国有嘻哈》等节目纷纷与抖音合作，吸引了大批的青年观众加入抖音大军。抖音赞助综艺节目主要是为了用户引流，因此其投放的综艺广告需要准确地定位综艺观众和潜在用户的重合度。根据企鹅智酷发布的《快手 & 抖音用户研究报告》，抖音 App 的用户画像为 24 岁以下的女性用户，学历本科及以上，用户对抖音的认知是有趣、很酷、很潮和年轻。其投放的综艺节目中所邀请的常驻嘉宾都是流量超高的明星，如吴亦凡、王俊凯、刘昊然等，这些人气明星的粉丝大多是用户画像所描绘的人群，因此收看综艺的观众和抖音的用户有较高的重合度，较容易实现用户的转化。尤其是 2019 年抖音与春晚合作，并作为春晚的独家社交媒体合作平台，更是在短视频宣发及社交互动等领域展开全方位的合作和探索。截至 2019 年 2 月 5 日 0 点，抖音联合央视春晚开展的“幸福又一年”新媒体行动，参与视频拍摄人数突破 338 万，播放总量突破了 247 亿，成为 2019 年春节期间短视频与传统媒体结合，进行融媒体传播的又一成功案例。

四、使用界面简洁、操作简单，用户的反馈评价高

抖音短视频的首页界面简单，界面上只有点赞、关注、转发等功能，全屏的设计也使得用户在使用时的环境相对专一，但是手机的主要提示信息不会像其他视频一样被覆盖住，手机的电量、时间、网络状况等都能够看得到，可以根据时间来选择看视频的时间单元，其对于用户体验的提高也是一项加分点。

竖屏的画面方向，也深受追求时尚的人们的喜欢。当观众看到喜欢的视频发布者或者是喜欢的视频的时候可以双击点赞，也可以对发布的用户加关注等。对于观众来说操作相对简单，除了在评论区评论外，几乎所有的操作不需要进行文字的输入，通过点击即可完成，通过滑动即可完成视频的切换。

我们可以把观看视频的主界面分为四部分，分别为：选择区、评价区、画面区和功能区（图 7-11）。

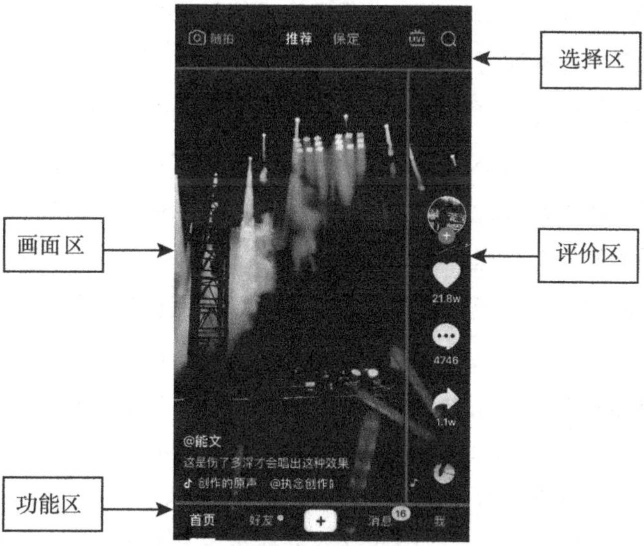

图 7-11　抖音短视频平台主界面分区

选择区：这个区域在画面的头部，用户可以通过推荐、城市和右侧的选择来进行视频内容的搜索。主页面最初呈现的视频默认是推荐内容，也正是上文提到的基于算法的推荐视频。用户可以自主地选择地域或以自定义方式查找视频。

评价区：画面右侧的竖栏可以称为评价区，在这个区域内用户可以通过关注播主、点赞、评论和转发四个按钮完成对这个视频内容的评价表达。对于大部分不拍摄内容的用户来说，右侧的评论区是最常使用的接受行为表达区域。用户可以选择自己喜欢的视频，多点几个红心，多点几下屏幕，系统就会记录用户的使用行为，在下次视频内容的推荐中将会推送相应类型的视频，让用户使用起来相当便利且具有鲜明的个人特色。

画面区：这部分是视频内容的展示区，在画面左下角还有对视频内容的简单介绍，有时候是简单的创作说明，有时候是拍摄者的情感抒发，更多的时候是一些搞笑的调侃。

功能区：这部分在主界面的底部，可以进行好友情况的查看、平台消息的查阅和用户自我信息的完善。点击中间的“+”按钮，就进入了视频的拍摄界面。界面清晰又有条理，功能简便操作易成，不熟悉智能手机的人群也能够通过简单的学习来流畅地使用。

拍摄的界面与首页界面布局类似，点击红色按钮即可进行视频的录制，用户还可以根据不同的需求来选择不同的背景音乐，选择不同的滤镜等，还能将手机翻转过来，变成横向画面，也可以进行播放速度的选择，选择倍速或者慢速等（图 7-12）。抖音也把自己武装成为一个能够美颜和滤镜的综合化产品平台，同时又加入了道具和特效等功能，使得作者在创作的过程中能够加入更多的拍摄体验。值得注意的是相较于微信和微博的界面，抖音的功能按钮更多地集合在屏幕的右侧。

抖音、快手、美拍等火热的短视频平台从走进大众视野的时候就一直有着巨大的争议，在火爆的同时，因为发展不够成熟、监管不充分，引发了相当大的社会争议，因此社会的评价也参差不齐。用户评价关乎平台生死，比较正向的评价反馈可以根据短视频 App 在应用市场中的排

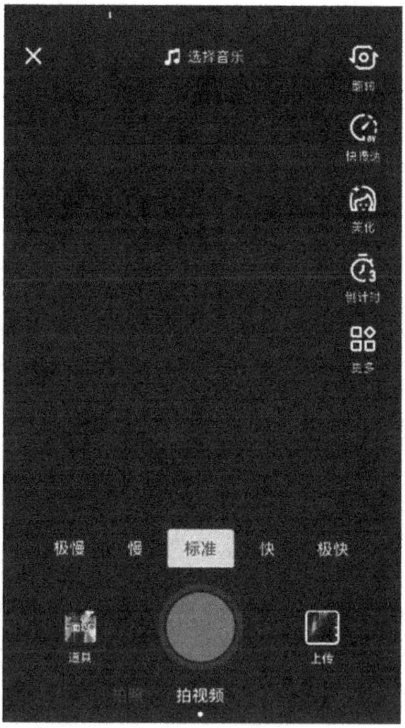

图 7-12　抖音录制操作界面

名来获取，包括豌豆荚、百度手机助手、应用宝和各种手机自带的应用市场。以苹果手机的应用市场为例，截止到 2017 年底，抖音短视频在苹果应用市场上的评分达到了 4.6。在 APPLE ANNIE 上的总评论量也达到了 1460 多个，用户总体反馈呈现正向的趋势。在 2018 年 8 月 6 日来自用户“莫惊 sosucklt”的评论中，该用户表达了对抖音短视频 App 的爱不释手：“世界上怎么会有那么好玩的软件啊，可以玩一整个暑假了。”

来自海马云的大数据报告显示，在抖音、快手、秒拍、火山和美拍的口碑综合比较云图中，抖音的评价口碑也较为中性，从内容、平台影响力、用户心理、使用体验和内容生产者 5 个维度来看，抖音并没有明显的短板，并且在贴合用户心理的评价体系中略高于其他几个平台（图 7-13）。同时该数据报告还对抖音用户的评价词条进行了云汇总（图 7-14），其中快乐、开心、好看等正向词语出现的频率远远高于负面词汇，可见用户的接受性评价也成为抖音平台区别于其他短视频 App 的明显特征。①

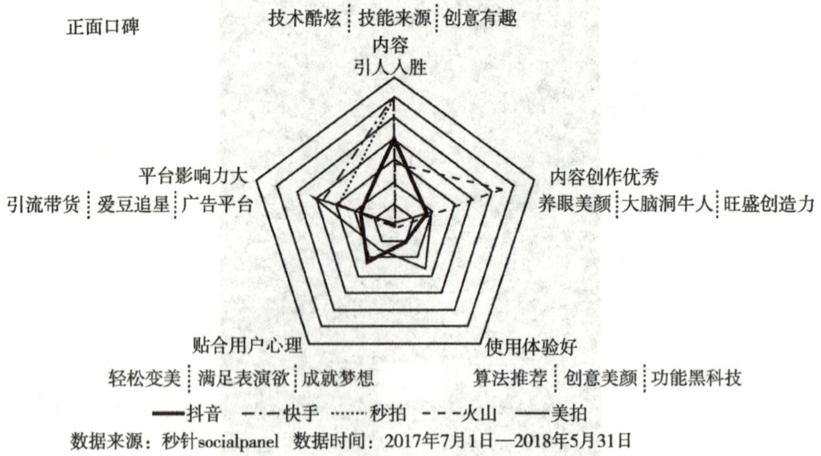

图 7-13　各大短视频平台用户评价统计图

图 7-14　抖音短视频平台评价词条云汇总图

① 数据来源：秒针大数据分析。

第八章　高校抖音平台用户的使用与接受行为分析

为了有针对性地了解在校大学生对于抖音用户的使用与接受行为，我们在2019年初通过问卷星平台发放了《高校大学生“抖音”使用情况调查问卷》，问卷分为两部分，分别考量使用行为和接受行为，共27道题，发放问卷400份，回收有效问卷321份，回收率为80.25%，较为真实地采集了在校大学生对于抖音平台使用情况的数据。

第一节　抖音平台高校用户的使用现状

2018年腾讯新闻和企鹅智酷推出的《热潮下的社交短视频：快手&抖音用户研究报告》显示：快手、抖音用户在性别分布上都是女性用户偏多，以24岁以下的年轻用户为主（音符图标为抖音）（图8-1）。

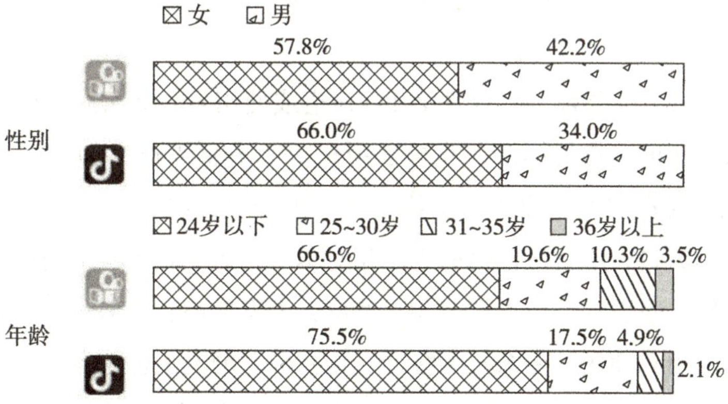

图8-1　快手与抖音短视频平台用户性别、年龄统计图

在该项调查问卷中，所获得的信息与上述报告趋势基本一致。在高校抖音用户中，女性用户比率远高于男性用户，女性用户数量接近男性用户数量的1倍。在年级分布上，分布较为科学合理，大二、大三年级的用户优于大一和研究生阶段的用户（图8-2、图8-3）。

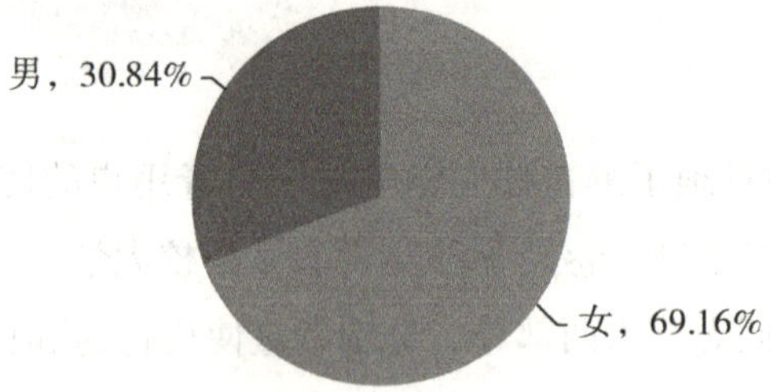

图8-2　抖音短视频平台用户性别分布

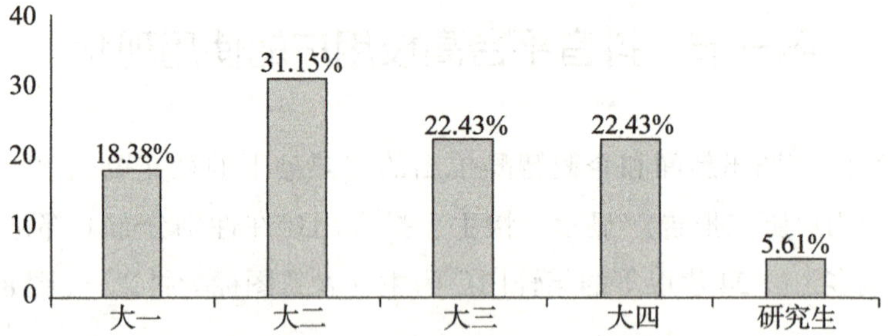

图8-3　抖音短视频平台用户年级分布

85%以上的调查对象（图8-4）知道或使用过抖音App，可见其在大学校园里的高渗透率。在非抖音用户中“不感兴趣”和“怕耽误时间”成为排在前列的原因。从接受的角度而言，抖音用户的画像相对明确，因为抖音平台所传播的内容相对单一，短视频是唯一的信息承载方式，所以吸引的用户人群也相对明确，不像微博、微信和其他客户端那样，吸引和使用的受众较为多元，传播信息的类型也相对丰富。而恰恰是这种单一的短视频方式，对于用户的冲击力或贴近感更强，用户在使用过程中投入程度也更深入，并且视频并不能像图片、文字那样快速闪过，所以用户的使用时长也会相应增加，因此“怕耽误时间”也恰恰反映出用户对于短视频平台使用的担忧，从侧面投射出使用时长和沉迷程度成为抖音区别于其他新媒体平台的使用行为。

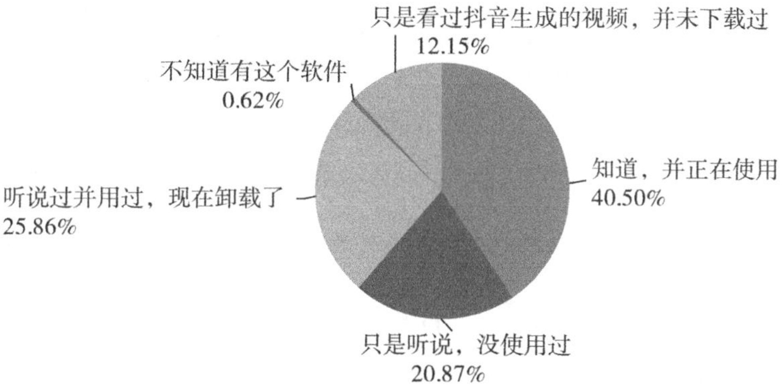

图 8-4　抖音短视频平台获知情况统计图

我们利用交叉分析的方法对数据进行了两次的模块归类，以“性别”和“年级”为自变量 X，“是否使用抖音”为因变量 Y。通过交叉分析我们发现，女性用户的抖音流失率要明显高于男性用户，在女性用户中随着年级的增长流失率会相应增加。

我们将所有定量数据都依据相应规则转化成定性数据，用 Epi Data3. 1 软件建立数据库，双录入并进行逻辑排错。应用 SPSS 24. 0 软件进行数据统计分析，对调查对象的性别、年级等人口学特征采用频数和百分比（%）描述；对不同特征学生抖音使用情况的比较以及对抖音使用情况的影响因素，采用 χ^2 检验。

之前提到，在统计学中 Pearson 相关系数是用来衡量两个定距变量间的线性关系。相关系数的值在-1 到 1 之间，其绝对值越大，表明两者的相关性越强。相关系数越接近于 1 或-1，其相关度越强，反之则越弱。此外，判断相关关系需要综合考虑相关系数和显著性水平，只有在相关系数大于 0 且显著性水平 $P<0.05$ 的情况下才能说明变量之间是

正相关的（表 8-1、表 8-2）。

表 8-1　　不同学生的抖音使用情况与抖音使用情况影响因素检验表

			3. 您听说过抖音吗					
			知道,并正在使用	只是听说,没使用过	听说过并用过,现在卸载了	不知道有这个软件	只是看过抖音生成的视频,并未下载过	总计
2. 您所在的年级	大一	计数	23	18	12	1	5	59
		占"2. 您所在的年级"的百分比	39. 0%	30. 5%	20. 3%	1. 7%	8. 5%	100. 0%
	大二	计数	37	19	33	1	10	100
		占"2. 您所在的年级"的百分比	37. 0%	19. 0%	33. 0%	1. 0%	10. 0%	100. 0%
	大三	计数	32	15	18	0	7	72
		占"2. 您所在的年级"的百分比	44. 4%	20. 8%	25. 0%	0. 0%	9. 7%	100. 0%
	大四	计数	32	10	15	0	15	72
		占"2. 您所在的年级"的百分比	44. 4%	13. 9%	20. 8%	0. 0%	20. 8%	100. 0%
	研究生	计数	6	5	5	0	2	18
		占"2. 您所在的年级"的百分比	33. 3%	27. 8%	27. 8%	0. 0%	11. 1%	100. 0%
总计		计数	130	67	83	2	39	321
		占"2. 您所在的年级"的百分比	40. 5%	20. 9%	25. 9%	0. 6%	12. 1%	100. 0%

续表

卡方检验			
	值	自由度	渐进显著性(双侧)
皮尔逊卡方	17.616[a]	16	0.347
似然比(L)	17.388	16	0.361
线性关联	0.711	1	0.399
有效个案数	321		

a:8 个单元格(32.0%)的期望计数小于 5。最小期望计数为 0.11。

表 8-2　不同性别学生的抖音使用与抖音获知使用情况影响因素检验表

			3. 您听说过抖音吗					
			知道,并正在使用	只是听说,没使用过	听说过并用过,现在卸载了	不知道有这个软件	只是看过抖音生成的视频,并未下载过	总计
1. 您的性别	男	计数	44	18	24	2	11	99
		占"1. 您的性别"的百分比	44.4%	18.2%	24.2%	2.0%	11.1%	100.0%
	女	计数	86	49	59	0	28	222
		占"1. 您的性别"的百分比	38.7%	22.1%	26.6%	0.0%	12.6%	100.0%
总计		计数	130	67	83	2	39	321
		占"1. 您的性别"的百分比	40.5%	20.9%	25.9%	0.6%	12.1%	100.0%

卡方检验			
	值	自由度	渐进显著性(双侧)
皮尔逊卡方	5.803[a]	4	0.214
似然比(L)	6.031	4	0.197
线性关联	0.286	1	0.593
有效个案数	321		

a:2 个单元格(20.0%)的期望计数小于 5。最小期望计数为 0.62。

从 χ^2 检验的结果可以看出 P 值均大于 0.05，即可以得出年级和性别与抖音的知晓使用率并无关联，被调查对象的抖音知晓百分比(99.4%）和使用率 78.5%（除去从未使用过的学生）比较高，说明抖音受众广泛无差别，在高校青年学生中影响较大。

这恰恰证明抖音作为一款新兴的音乐创意短视频社交软件，发展迅猛，用户没有明显的性别、年级差异，目标人群广泛，真正是国民级的新媒体产品，具有巨大流量，在高校学生中具有较高的渗透率。

第二节　抖音获知途径及使用需求

通过问卷调查，获知抖音平台方式排在前三位的分别是：身边同学在用、其他新媒体的宣传和活动推广（图 8-5）。由此可见，抖音虽然是新兴的短视频平台，但是其作为社交媒体的属性依然十分突出，现实社交关系和网络联系的强关系成为主要的获知渠道，朋辈的影响效应十分明显。从心理学来看，引发人类社会行为最强烈的动力之一就是“不被孤立”，个人会因为害怕孤立而改变自己的行动。当周边同学关于某一未知话题的评论逐渐增多、谈及话题的频率不断提高时，自然会激发对这一未知话题获取的动力。高校大学生特殊的学习氛围和住宿结构导致信息传播速度快，到达率高，同时基于亲密的现实人际关系，所处的生活环境基本相似，信息的有效传播程度高，因此抖音平台得以在大学生群体间快速传播。

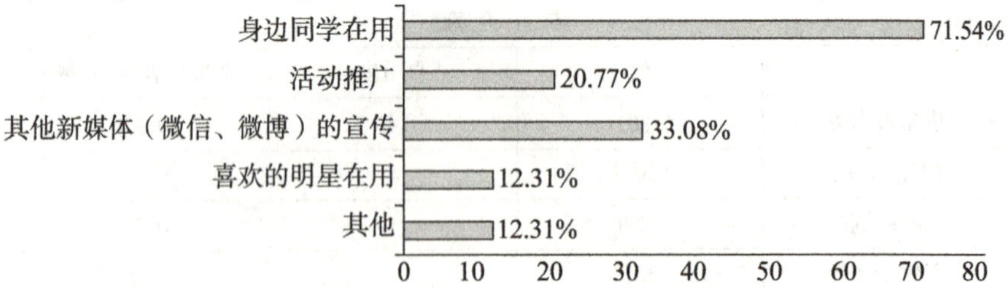

图 8-5　抖音短视频平台获知情况统计图

在使用抖音原因的问卷中，“打发时间”“内容精彩喜欢看”和“能获取新知识”成为排在前三位的理由，在问卷分析中发现，“打发时间”选项统计的百分比为70.77%，“内容精彩喜欢看”选项为59.23%，这两大理由成为多数抖音用户的选择动机（图8-6）。

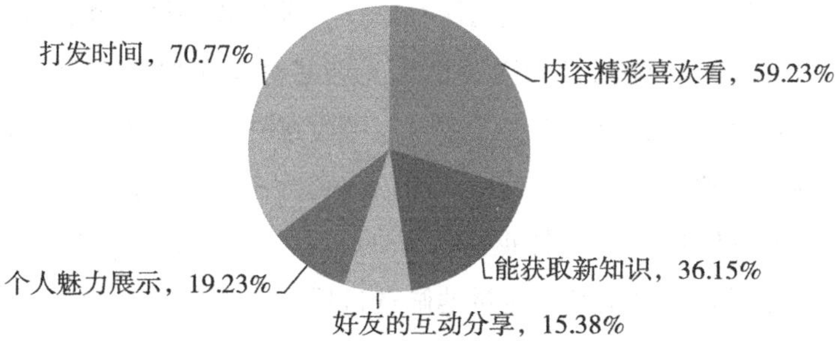

图8-6　抖音短视频平台使用需求统计图

在进一步就抖音内容的调查中，觉得“轻松减压”的比例为90%，“信息更新快”的占46.15%，“在视频中找到认同感”的占25.38%，“好友互动性强”的占12.31%。可见轻松娱乐是抖音用户在使用过程中较为一致的使用体验（图8-7）。

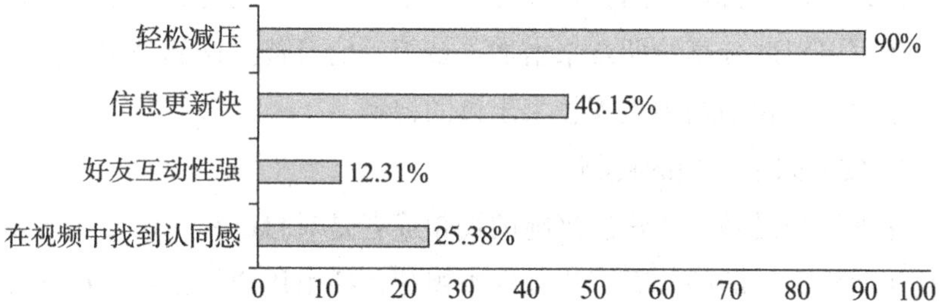

图8-7　抖音短视频平台使用体验统计图

在“使用与满足”这个理论视域下，我们可以构建这样的行为逻辑：抖音用户的使用需要较为轻松，在本书的前一部分介绍了马斯洛的需求理论，从这个理论框架分析，抖音用户的需求层次更加偏向于精神层面，在空闲时间希望通过感兴趣的视频内容达到轻松减压的目的。在这个过程中，更多地是独立的使用，通过视频所营造的“拟态环境”达到情感和身份的认同。在视频内容的接受上以下3类视频更易受用户的偏爱：

1. 网红类视频

抖音前期招募了一定数量的网红用户，进行统一培训和视频内容制作。经过前期的市场调研和内容试水，这些对视频剪辑抱有较大的兴趣，对音乐也有一定的追求，希望可以通过这样的曝光来扩大自己名气的素人逐渐受到用户欢迎。其所生产的内容普遍具有轻松化的特点，在短时间内能够使用户快速捕捉到视频的笑点，较为容易地完成收看过程。这部分视频一般是经过流量池筛选过后二次传播的视频。

2. 浏览型视频

这类视频大多是首页推荐的视频，用户往往是通过其他社交平台而吸引到抖音平台上的。一部分用户，尤其是刚刚进入平台的用户，不会马上上手进行视频的发布和制作，也没有特定的喜好，只是喜欢在抖音这些视频上浏览，他们被称为窥屏者。抖音短视频作品大部分是“原创性”（这里指通过手机拍摄上传）的，观看者是视频收看的主要消费人群，同时也是这个平台的分享者，他们在视频平台上寻找自己喜欢的一些视频，借以打发时间，在碎片化的空闲时间里也得到一定的心理满足，还可以以此分享给朋友来增加茶余饭后的谈资。这部分视频往往是在流量池第一轮筛选中表现较为出色的视频。

3. 较为固定类型的视频

这类视频是基于用户感兴趣的视频或者是对自己喜欢的明星所发布的视频而较有目的的收看行为，这类视频往往由用户搜索和被精准推荐而来。基于兴趣与喜好的视频往往更容易收获用户的好感，给用户带来满足的使用体验。

麦克卢汉在《理解媒介：论人的延伸》中提出媒介是人的感觉能力的延伸或扩展，文字和印刷媒介是人的视觉能力的延伸，广播是人的听觉能力的延伸，电视则是人的视觉、听觉和触觉能力的综合延伸。现代社会人们对智能手机和网络的依赖无疑更加充分地证明了这一经典的传播学理论。无法想象，如果现在的年轻人一天没有网络或者是没有手机的话，他们将以何种更加舒适的方式生活？所以抖音等短视频平台的出现满足了人们对新鲜事物的探索和观看，或者在繁重工作之余获得轻松愉快安慰的需要。手机已成为人们获得信息、表达情感、巩固社交关系等不可缺少的“工具”，成为社会个体间进行信息传递的重要媒介，就如同生物个体生存需要空气、水等基础生存物质一样，手机也成为社会个体进行接触的“介质”或者是“链条”。如果这种介质或链条出现了断裂或缺位，将会对整个现代社会的运行节奏和生产效率产生重大的迟滞影响。

第三节　抖音的使用频率及时间

调查发现，抖音用户的持续增长趋势明显，使用时长达 1 年以上的人数占了调查人数的近一半，这说明抖音用户的保有量基本稳定，同时拉新势头依然强劲，大量的新用户不断接入，并且能够保持一个相对乐观的“黏度”（图 8-8）。通常而言，一个社交媒体的生命周期为 4～5 年，活跃期在 2 年左右。这里我们可以举个最新的例子，在与短视频类似的直播平台的激烈厮杀中，首先败下阵来的却是人们意想不到的“熊猫直播”，它是由王思聪创立、互联网巨头周鸿祎领衔投资的明星企业，有着众多流量明星如鹿晗、陈赫、Angelababy 站台“背书”的网红直播平台；同时也是一个融资 20 亿元、估值近百亿的企业，从创立之初就受到了多方的关注。然而从 2015 年 10 月上线，到 2019 年 3 月落幕，熊猫直播仅 3 年 6 个月就走完了从兴起到覆没的历程。而抖音平台目前是短视频领域的明星产品，正处于逐渐上升走向峰值的过程中，使用时长不同的用户比例大致呈正态分布，这表明抖音仍有很大的发展潜力，会有持续的新用户加入。

在新媒体产品评估中，DAU/MAU（日活跃用户/月活跃用户）是衡量一款产品用户黏性的重要指标，在沉浸度相对较高的电子竞技行

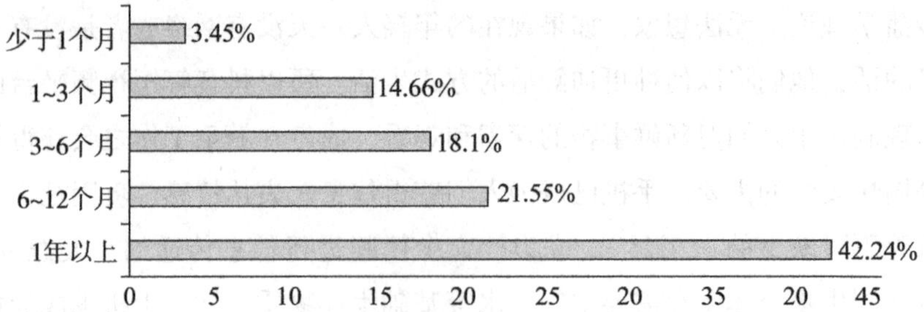

图 8-8 抖音短视频平台使用时长统计图

业，这一比值会达到 0. 3～0. 6。有研究显示，目前抖音的 DAU/MAU 值为 0. 45，即平均每人每月有 13. 5 天使用抖音（0. 45×30 天＝13. 5 天），这是很可观的用户黏性。调查问卷显示，高校中近 40%的用户几乎每天都使用抖音，同时每天使用抖音次数 5 次以上的用户占比也接近 40%，使用 2～5 次的用户超过一半。可见抖音已经成为在校大学生使用较为频繁的手机软件，其在大学生中的巨大影响力已经形成。

在抖音使用时间的调查题目中，所获得的调查数据聚合程度很高。66. 38%的调查对象选择在午休或晚上睡觉前使用抖音。68. 97%的用户更习惯在无聊的时候随机观看（图 8-9、图 8-10）。

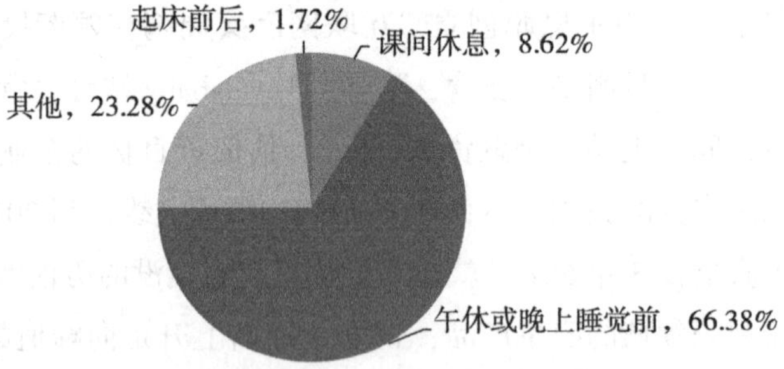

图 8-9 抖音短视频平台使用时段统计图

抖音作为新兴的新媒体形式，虽然传播的形态不再是通常的图片和

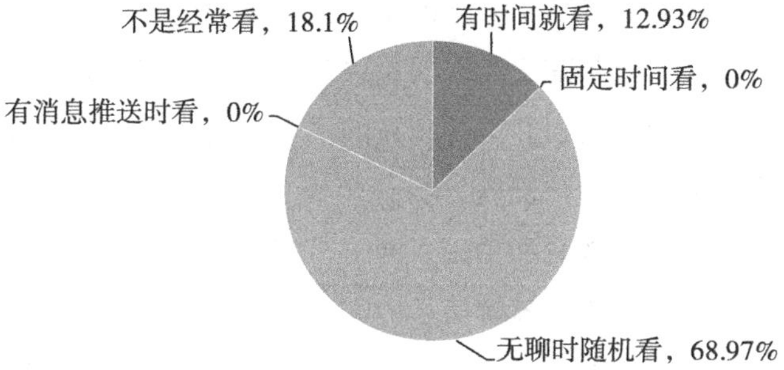

图 8-10　抖音短视频平台使用频率统计图

文字，而以短视频的形式来展现，但是其作为社交媒体的特征并未改变。国内学者陈浩在《谈媒体的碎片化传播》一文中提出：当社会人均收入达到 1000~3000 美元时，这个社会便开始由传统社会向现代社会转型，其基本特征就是社会体系碎片化，即传统的社会关系、市场结构以及社会观念的整体性都在发生变化，从精神家园到信用体系、从话语方式到消费模式都被瓦解，整个社会呈现出碎片化的分割样态。① 随着我国移动互联技术的大幅提升，人工智能等新科技不断迭代，社会信息的传播方式和接受行为也在发生着巨大的变化。面对各种媒介纷繁复杂的海量信息和快节奏、多场景切换的生活现状，碎片化成为人们接受信息的主要方式。这种碎片化首先体现在接受内容的碎片化，用户在使用过程中不再有兴趣去阅读长篇的文字和冗长的图集，更希望所接受的信息直接和简单，而短视频将信息更加直观地展现，不再像以往的信息那样通过逻辑的延展和内容的次序逐步展开，所呈现的内容也更多的是非线性或单一性的。用户在使用过程中对观看内容的切换也不再以传统意义上的集、节为段落，而更多的是因为兴趣的转移而进行。其次是使用时间的碎片化，目前社会更迭的速度不断加快，工作压力大、生活节奏快成为上班族的共识。仔细留心身边的餐饮行业你就会发现，原本的

① 陈浩：《谈媒体的碎片化传播——以抖音为例》，载《新闻传播》2018 年第 11 期，第 40~42 页。

大饭店、老字号或者是本地的旗舰餐饮企业在纷纷缩减规模或者转型发展。在适者生存的背景下，原来的堂食或围桌的用餐场景逐渐被外卖所代替，大型餐饮的衰落随之换来的是快餐行业的快速崛起。文化产品更是如此，在短时间内吸引并消耗用户的注意力成为短视频行业的主要目标，对于普通的抖音用户而言，抖音短视频的视频长度为15秒，方便用户在碎片化的时间观看和拍摄，同时富有创意和动感的短视频内容能通过听觉和视觉满足用户疏解疲惫的需要，更快速地将用户带入轻松的使用状态当中。在校大学生学习生活相对有规律，以课程分割的时间区块相对固定，午饭和休息前成为较为集中的空闲时间，成为使用抖音的高峰时段。在此要特别指出，高校大学生接触新媒体的素养较高，会同时接触QQ、微信、B站和抖音等不同的媒介平台，值得注意的是同一用户是多个平台和App的使用者，不同媒介平台争夺的焦点是用户的时间而非用户数量。这些用户时间的竞争话题会在后文中进行论述。而就平时的空闲时间而言，打发无聊时间成为使用抖音的重要习惯，通过观看短视频来获得精神上的愉悦感，满足用户缓解压力的需求成为抖音区别于以往社交媒体的新的需求增长点。这种空闲时间的出现具有不固定性，所以短视频更加能够“插空”满足大学生的使用需要。

第四节 抖音用户的分享行为

按照对于微信平台使用行为的逻辑分析，我们将抖音的使用行为也分为观看、分享和拍摄三个接受阶段（表8-3）。

表8-3 **抖音短视频平台接受行为阶段表**

阶段	满足需要	接受行为
接触	接触信息需要	观看
判断	对信息价值的认同需要	评论或分享
使用	表达信息需要	拍摄

我们对使用时长和分享状况进行了统计学分析，采用非参数秩和检验比较有无分享过抖音经历对于使用时长的差异，通过数据分析得出，Z=4.340，P<0.05，说明有无分享过抖音经历对使用时长的差异有统计学意义，有过分享抖音的人使用时长大于没有分享过抖音的。这证明我们假设使用逻辑的合理性，随着使用时间的变化，用户的使用和接受行为会逐步得以改变（表 8-4）。

表 8-4　　有无分享过抖音视频用户在使用时长上的差异

使用时长	分享抖音		Z	P
	有过	没有		
少于 1 个月	2	2	4.340	<0.001
1~3 个月	5	12		
3~6 个月	15	6		
6~12 个月	16	9		
1 年以上	44	5		

通过调查，71.54%的抖音用户将自身定位为“观看者”，24.62%的抖音用户参与到了抖音的创作中（图 8-11）。

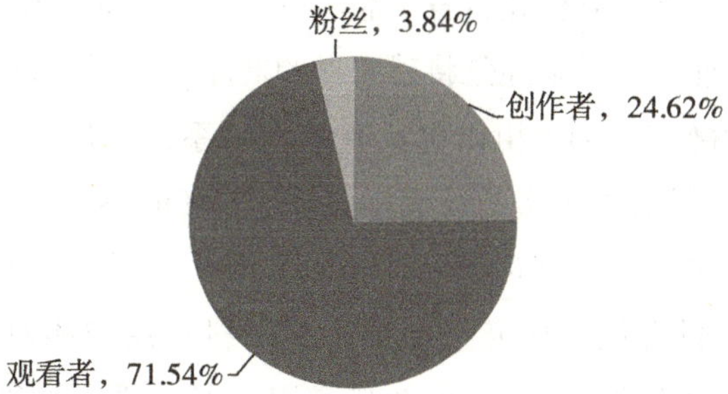

图 8-11　抖音短视频平台用户身份类型统计图

我们运用 SPSS19.0 统计软件对问卷数据进行了处理。计量资料采用均数±标准差的方式，计数资料以频数表示。计量资料两组间比较采用独立样本 t 检验，多组间比较采用单因素方差分析；计数资料组间比较采用χ^2检验，单组有序等级资料采用非参数秩和检验，$P<0.05$ 差异有统计学意义。采用卡方检验比较不同性别侧重用户定位上的差异，$\chi^2=4.130$，$P<0.05$，说明不同性别侧重用户定位上的差异有统计学意义，通过分析发现女性选择观看者的百分比明显高于男性，男性用户更有进行拍摄的意愿（表 8-5）。

表 8-5　　**不同性别抖音用户在身份选择上的差异**

性别	侧重用户		χ^2	P
	创作者	观看者		
男	16	28	4.130	0.042
女	16	65		

在使用抖音的过程中，约 70%的用户有过观看抖音作品的分享行为。微信朋友圈和 QQ 是其分享的主要目标社交平台，其中抖音分享到微信的程度要远远高于 QQ（图 8-12、图 8-13）。由此可见，抖音平台在成立之初仅想打造音乐类社区，但是随着用户的增多，视频的种类与数量急速增长，其产品定位和影响逐渐从线上拓展到线下，其功能逐渐加入社交功能。但是其依托自身产品所打造的社区无法充分满足用户的社交需要，因此用户更多地是将感兴趣的产品分享到较为熟悉的社交软件当中。同时微信与 QQ 相比更具有熟人关系，微信的朋友圈相对于 QQ 好友而言，具有更现实的社交强关系。56%的调查用户认为分享抖音增加了现实交往的互动话题。在企鹅智酷公布的《热潮下的社交短视频：快手 & 抖音用户研究报告》中显示抖音用户相对于快手而言，参与评论行为的热情度更高，同时抖音用户观看评论的动机更多的是：看网友抖机灵和各种搞笑评论。评论已经成为短视频用户重要的使用行为，在一些视频中甚至成为补充视频内容的重要元素。

在近一阶段的研究中，有学者提出了短视频用户的准社会交往的观

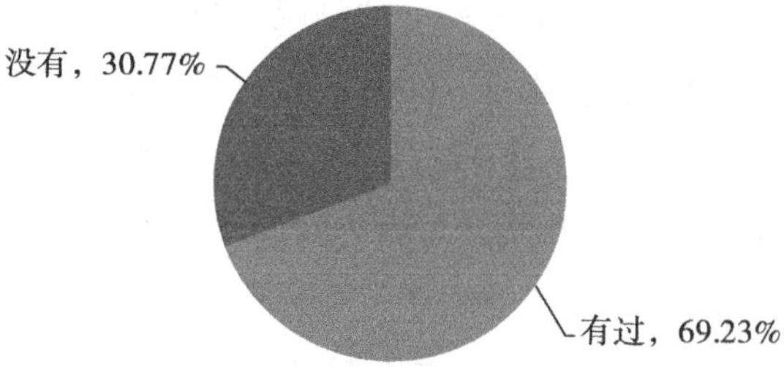

图 8-12　抖音用户分享行为统计图

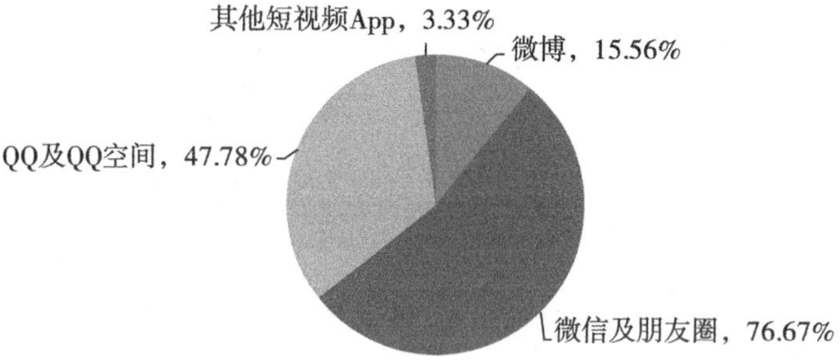

图 8-13　抖音用户分享目标新媒体平台统计图

点，河南大学新闻与传播学院的陈亦新指出，准社会交往是一种现实生活的社交行为，它指的是人们在接收或观看媒介时，人们与媒介人物或表演者产生的一种人际关系，这种关系通常是想象的或单向度的。这种准社会交往行为更多是形成于同内容相关的垂直的兴趣圈层中，需要通过距离的亲近将这种准社交关系通过泛传播的方式向强关系的现实社交圈进行渗透，于是也就产生了社交媒体的分享行为。同时通过评论行为也可以表达对于视频的意见态度和情感倾向，从而在社交平台中达到观点认同和情感抚慰的社交需求。

第五节　抖音用户的拍摄行为

通过对问卷调查的数据整理，我们验证了分享行为与拍摄行为的逻辑关系。我们就分享行为和拍摄行为进行了相关性分析。通过软件我们可以逐个得出 2×2 列联表卡方检验的结果，建立检验假设，确定检验水准。按自由度=1，检验水准=0.05，可以看到 $P<0.05$。所以在 $\alpha=0.05$ 水平上拒绝 H0，差异具有统计学意义。所以我们得出分享抖音的行为越多，会触发更多的用户参与内容的创作（表 8-6）。

表 8-6　　　　抖音用户分享行为与拍摄行为的相关性分析

个案处理摘要

	个案					
	有效		缺失		总计	
	N	百分比	N	百分比	N	百分比
15. 您是否分享过抖音 19. 您是否拍摄过抖音作品	130	100.0%	0	0.0%	130	100.0%

15. 您是否分享过抖音　19. 您是否拍摄过抖音作品

			19. 您是否拍摄过抖音作品			
			拍摄过	想拍摄但是没有拍过	从不拍，只看其他用户作品	总计
15. 您是否分享过抖音	有过	计数	63	10	17	90
		占“15. 您是否分享过抖音”的百分比	70.0%	11.1%	18.9%	100.0%
	没有	计数	9	9	22	40
		占“15. 您是否分享过抖音”的百分比	22.5%	22.5%	55.0%	100.0%
总计		计数	72	19	39	130
		占“15. 您是否分享过抖音”的百分比	55.4%	14.6%	30.0%	100.0%

续表

卡方检验			
	值	自由度	渐进显著性（双侧）
皮尔逊卡方	25.776[a]	2	0.000
似然比（L）	26.518	2	0.000
线性关联	24.335	1	0.000
有效个案数	130		

a：0 个单元格（0.0%）的期望计数小于 5。最小期望计数为 5.85。

调查问卷显示，超过半数的调查对象拍摄过抖音作品，14.62%的用户有过拍摄抖音的意愿，30%的用户不会拍摄，只观看其他用户的作品。对于拍摄内容的统计，排在前三位的分别是：生活记录类（50.77%）、其他类（32.21%）及娱乐搞笑（30%）和模仿别人的作品（30%）（图 8-14、图 8-15）。

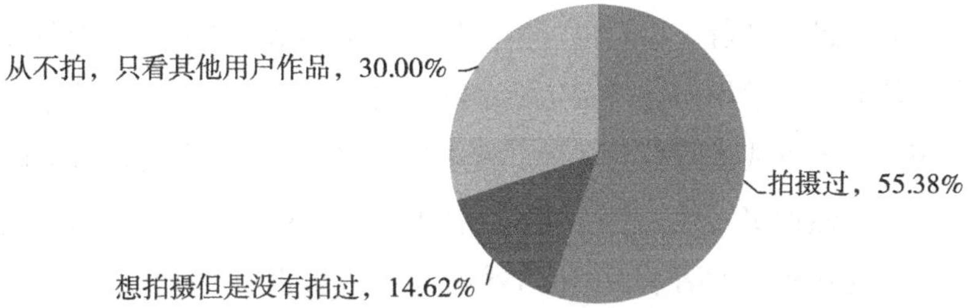

图 8-14　抖音用户拍摄行为统计图

抖音等短视频平台具有操作简单的特征，同时在抖音平台中对于现实身份关系的投射相对不明显，因此用户有更强的意愿去创作和拍摄视频，在拍摄过程中就是一种自我解压的过程。大量的抖音用户是青年群体，相对于其他社交媒体他们更加前卫、思维更加活跃，更愿意尝试新鲜事物，用户也愿意使用这样的 App 来放松和疏解压力。在此过程中，他们担任了分享者、参与者、传播者的角色，观看视频、拍摄视频的时

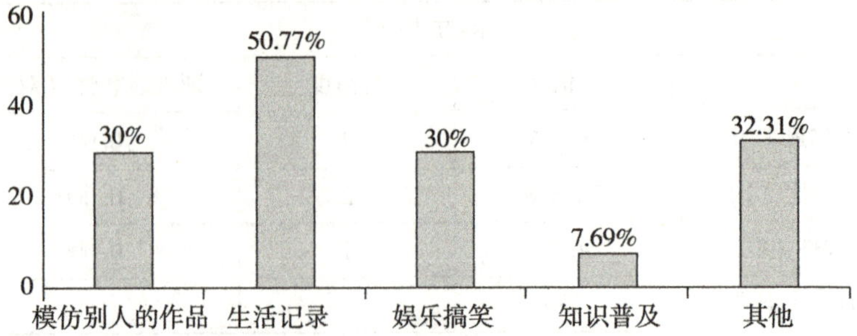

图 8-15　抖音用户拍摄内容统计图

候是参与者，和周围的人们一起分享抖音上的小段子的时候身份就成为传播者和分享者。库利在《人类本性与社会秩序》一书中曾提出“镜中我”的观点：人的行为很大程度上取决于自我的认识，这种认识是通过与身边社会交往的互动形成的，人们总是根据想象中别人对自己的评价而采取行动，他人对自己的评价、态度是反映自我的一面镜子，个人通过这面镜子来认识和把握自我。① 而通过抖音拍摄上传作品可以获得他人对自己的评价，用户也可以通过评价来不断地构建自身形象或强化自我认同。多数用户在现实生活中缺少自我展示的机会，因此想通过拍摄短视频的方式进行自我展示。很多用户将抖音平台作为晒娃和晒宠物的平台，然而更多地是对于现实生活的记录，但是出于娱乐这一最常见的人们使用媒介的需求，即使平常的拍摄内容也通过配乐、音效、控制节奏、场景变化以凸显出娱乐轻松化的视频特点，从而转变为幽默风趣的“段子”进行传播。较低的使用门槛和便捷的编辑方式使得拍摄和传播的过程充满了娱乐性。问卷调查显示，创意性成为抖音区别于其他 App 吸引用户的重要方面（图 8-16）。

① ［美］查尔斯·霍顿·库利著，包凡一、王源译：《人类本性与社会秩序》，北京：中国传媒大学出版社 2016 年版，第 122 页。

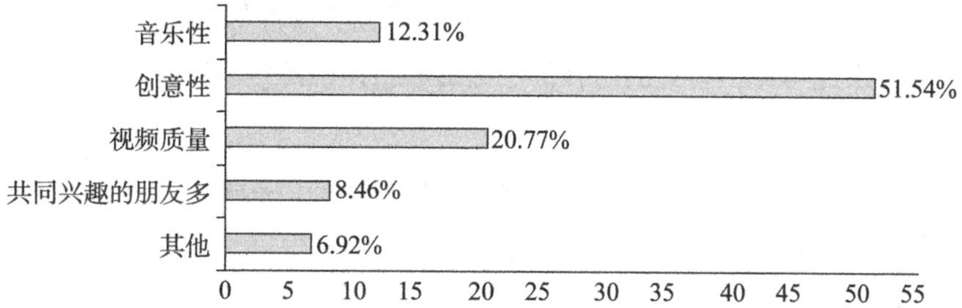

图 8-16　抖音用户拍摄体验统计图

第六节　抖音用户对于抖音平台的接受程度的评估

调查问卷中，共有六道题目围绕这个研究话题展开。对于全部问卷群体，抖音平台的喜欢程度中中性及正向评价超过 99%（图 8-17），可见用户对于抖音平台无论从使用体验还是操作习惯上都是正面的评价，这与文章前面所论述的抖音平台特点中用户反馈良好的观点基本吻合。

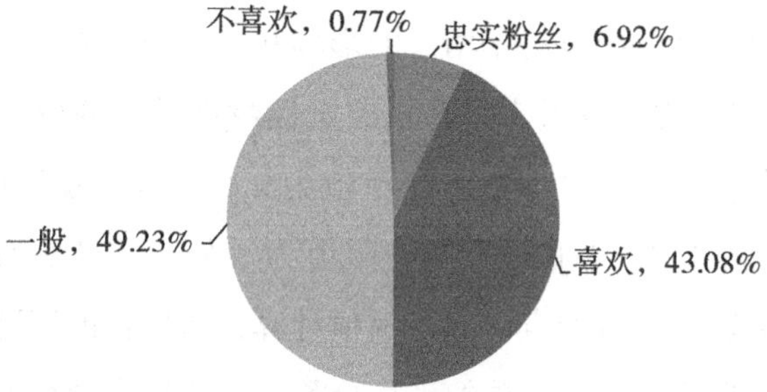

图 8-17　抖音用户对平台评价统计图

我们对问卷数据进行了结构化的分析，采用独立样本 t 检验比较不同使用原因与满意度评价的差异，结果显示是否“内容精彩喜欢看”的满意度评价差异有统计学意义，选择内容精彩喜欢看的人满意度评价高于没选择的人。除此之外，不同使用原因（能获取新知识、好友的互动分享、个人魅力展示、打发时间）满意度评价的差异均无统计学意义。由此可见，抖音的内容仍然是最吸引用户的核心要素（表 8-7）。

表 8-7　　　　抖音用户不同使用原因与满意度评价的差异

使用原因		满意度评价	t	P
内容精彩喜欢看	未选中	3. 26±0. 49	1. 991	0. 049
	选中	3. 50±0. 75		
能获取新知识	未选中	3. 33±0. 54	1. 681	0. 095
	选中	3. 53±0. 83		
好友的互动分享	未选中	3. 36±0. 61	1. 825	0. 070
	选中	3. 65±0. 91		
个人魅力展示	未选中	3. 39±0. 65	0. 312	0. 755
	选中	3. 44±0. 74		
打发时间	未选中	3. 45±0. 61	0. 492	0. 623
	选中	3. 38±0. 69		

在测量抖音社会影响对于用户的影响和抖音使用满意度时，我们采用了“赋值法”，将矩阵量表题转化成定性数据进行分析。其中“非常不赞同”赋值为 1 分，“不赞同”赋值为 2 分，“一般”赋值为 3 分，“赞同”赋值为 4 分，“非常赞同”赋值为 5 分。通过平均分数进行判断。对于社会影响评价而言，通过赋值计算，所取得的矩阵题平均分为 2. 94，较为接近朋友意见选项的平均分数，证明现实社交关系的影响仍然在抖音平台发挥着巨大的作用。抖音的使用对于扩大朋友交往、增进话题具有积极的促进作用（图 8-18）。

在对抖音整体满意度的评价矩阵中，得到的平均分数是 2. 99，较为接近“整体上我对抖音是满意的”分数，其分数的统计学意义也相对明显（图 8-19）。

题目\选项	非常不赞同	不赞同	一般	赞同	非常赞同	平均分
朋友的意见会影响我使用抖音	6(4.62%)	29(22.31%)	68(52.31%)	19(14.62%)	8(6.15%)	2.95
社会舆论的导向会影响我使用抖音	8(6.15%)	20(15.38%)	72(55.38%)	23(17.69%)	7(5.38%)	3.01
明星效应会影响我使用抖音	13(10%)	24(18.46%)	66(50.77%)	21(16.15%)	6(4.62%)	2.87
小计	27(6.92%)	73(18.72%)	206(52.82%)	63(16.15%)	21(5.38%)	2.94

图 8-18　社会影响对于抖音用户使用满意程度的统计

题目\选项	非常不赞同	不赞同	一般	赞同	非常赞同	平均分
跟我的预期相比，使用抖音我是满意的	2(1.54%)	1(0.77%)	72(55.38%)	48(36.92%)	7(5.38%)	3.02
抖音能够很好地满足我的需求	2(1.54%)	8(6.15%)	74(56.92%)	39(30%)	7(5.38%)	2.96
整体上我对抖音是满意的	3(2.31%)	3(2.31%)	63(48.46%)	54(41.54%)	7(5.38%)	2.98
小计	7(1.79%)	12(3.08%)	209(53.59%)	141(36.15%)	21(5.38%)	2.99

图 8-19　抖音用户对于平台的满意程度评价统计图

抖音短视频的知名度和美誉度较高，取得了良好的传播效果，这首先基于其良好的使用体验，用户在使用时既是生产者，又是传播者，在不同身份的切换中感受到了良好的使用体验，得到了满足，完成了心理预期与现实感受的契合过程，从而接受程度高。同时通过以兴趣为维度的算法推介，又使得相同爱好的用户能够获得感兴趣内容的供给，从而形成较高的文化认同和情感抚慰，能够进一步激发心理共鸣，继而给予更多的正面意见反馈。

该问卷还调查了除抖音外的其他短视频软件的使用状况，快手依然是除抖音外选择最多的平台，而都没有用过的问卷数据也达到了38.46%（图 8-20）。

由此可见，在竞争激烈的短视频领域，马太效应逐渐显现，快手凭借其上线早、定位中低学历人群，在三四线城市和农村市场占领了大量的用户。普通用户为快手提供了大量的短视频作品，视频的内容多为身边的趣事和搞笑段子。快手短视频平台目前仍然是短视频市场

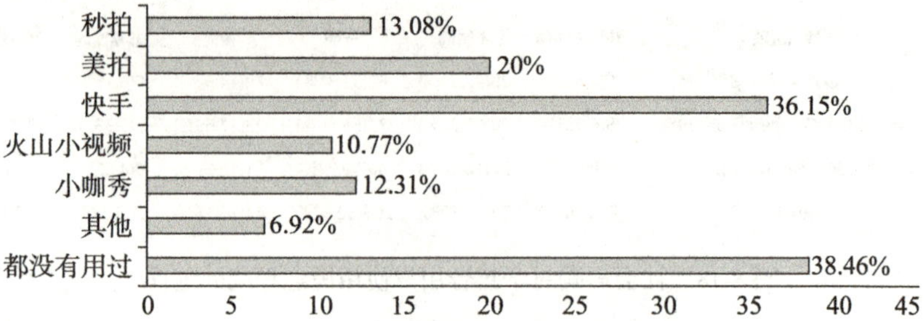

图 8-20　其他短视频软件使用情况统计图

的主要用户拥有者。同时相关数据显示，若忽略新用户的引入，仅从老用户的流失来看，快手的用户流失率要高于抖音。这一方面与发展阶段有关，快手已经进入沉淀期，而抖音仍然处于产品的上升阶段。另一方面两大平台不同的内容特性以及对优秀内容的算法推荐也成为出现用户分化的原因。从目前的双栖用户来看，一方面一部分双栖用户出现逐渐从快手转移到抖音的趋势，但总体上双栖用户仍然都保留在了两个平台上。抖音平台引入了“上瘾机制”，会提示和限制用户长时间的观看行为，使得一些“克制”的用户离开抖音，就如同前文一部分用户因为怕浪费时间而离开抖音一样，卸载了抖音。但快手用户流失却更多地是平台提供内容与用户使用需求出现不平衡而产生的用户流失。在此还要提及一点，就是所谓的“克制”机制在实际应用中反而加剧了用户使用的沉迷程度，当没有使用时长提醒时，用户还往往会自觉地关注使用时间，较为理性地控制使用时长。但当以一定使用时长为标准的“提醒”机制上线后，在未收到“提醒”前，用户反而不再关注使用的时间，被动地等待“提醒”，使用中不再或很少出现主动关注时长的克制行为，从而延长了使用的时长。

就对抖音改进意见的问卷中，对视频内容严格把关，提高审核力度，避免同类信息反复出现和对视频内容进行分级，为未成年人传播正能量排在前三位（图 8-21）。不难看出，这三个改进建议全都是针对抖音内容审核方面，可见单凭依靠算法进行的推荐已经远远不能满足和得到用户的认可。对于产品本身用户还没有迫切改进的意见和建议，但对于产品运营意见的强烈爆发也成为抖音平台今后应该改进的主要方面。

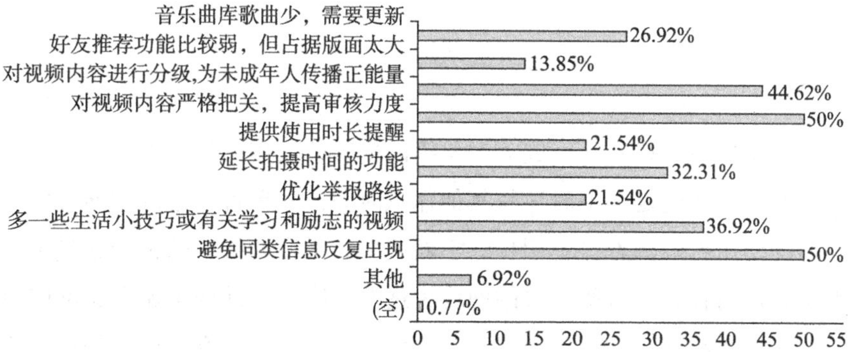

图 8-21　用户对于抖音改进意见统计图

第九章　抖音平台目前存在的问题与改进策略

毋庸置疑，抖音已经成为现象级的新媒体应用产品。无论是在学校还是商场，无论是在午后还是其他休息时间，几乎每个角落都能够发现抖音的使用者。随着抖音用户的不断增多，平台所持有的视频数量也在大量级地增长，平台所隐含的问题也逐渐暴露，从前期国家有关部门对抖音平台的约谈，到各项规定和治理措施的出台，抖音平台正经历着不断“蜕化”的过程。

第一节　同质化现象突出，个性创意和专业化视频内容需求量大

短视频内容制作成本较低，快速碎片化的阅读方式使得短视频市场具有很强的用户黏性，视频发布者的投资回报率高，这种低成本高回报的商业模式符合互联网市场的核心需求，使得大量的资本融入市场。短视频 App 产品也在不断地寻求技术上的创新与进步，例如视频编解码技术的进步、摄像功能的丰富使得普通人也可以轻松掌握操作流程并拍出大片效果，这一点大大满足了受众的心理需求。

大众文化需求的提高和社交方式的改变推动了短视频的发展。一方面，用户的需求在不断地扩大，由传统的文字时代到图片时代发展到现在的视频时代，视频的时长越来越短，信息承载量越来越大，内容越来越丰富，形式越来越多样。因此，短视频为用户提供了一个通过碎片化时间获取信息以及娱乐消遣的方式。另一方面，短视频的社交属性进一

步凸显，越来越多的人喜欢将自己的动态和所见所闻第一时间分享出来，短视频结合了文字、图像以及语音，全面满足了用户的表达需求和观看需求，看到的人通过评论、点赞和分享让受众获得了充分的心理满足。

与此同时，也正是因为较低的使用门槛，使得大量用户开始进入抖音的制作行列，由于去中心化的算法推荐原则和较低的产品复制成本，用户可以较为轻松地根据收到的推荐视频进行作品的再加工，一些拍摄成本低或者是搞笑的段子因为其较高的阅读和点赞量使得用户纷纷模仿，同一类型或同一背景音乐作为构成要素所发布的视频被大量复制。例如，同时出现的各种化妆教程，各种的逆天化妆术挑战，展现的是化妆前后的巨大差异，在各种因素的推动下，许多用户就会盲目跟风，抖音等短视频上的内容容易出现千篇一律现象。再比如前一阶段很火的在“卫生卷纸”上创作艺术作品，以及各类的网红玩具制作，这其中一部分原因是抖音等短视频采用简要的主题作为题式，一旦某个挑战主题呈现流量级的传播趋势，收获到巨大的点赞量和关注后，会对用户产生引导作用，引发大量用户的模仿，但是单纯的模仿往往会失去新意，使得用户产生抵触情绪，而这些相近的内容又会不断地进入流量池被推荐，使用户产生审美疲倦。另一个原因就是用户的创新能力不够，人们除了模仿，无法产出原创性内容。

在今后的抖音平台发展过程中，应该继续鼓励和坚持 UGC+PGC 的产品生产方式，鼓励原创和创意视频。提供多种视频模板、音乐、道具、特效及滤镜，鼓励用户记录生活，展示自我。让一些追求时尚潮流、寻求创新、有想法的短视频作品脱颖而出，进入大众视野。用户能够在紧张的生活节奏中利用碎片化的时间娱乐消遣，观察大千世界，体验不同文化，让用户更加愿意去创作属于自己的内容。同时鼓励专业机构制作并上传内容，邀请一些专业性强、编排完整、内容丰富的用户发布超过 15 秒的短视频以吸引用户的关注和互动，进一步吸引更多用户参与到创作视频中来，增加使用时的新鲜感。尤其是很多政府机构、企事业单位都纷纷进驻抖音，其所产出的作品更应该是内容积极健康向上、制作技术更加精致；同时，从作品产生的传播效果来看应该更具有正能量。

第二节　低俗、不雅视频问题突出，法规与政策约束需进一步规范

为了能够吸引更多的用户，抖音 App 的内容也逐渐素人化和草根化，因此也就导致上百万视频内容并不都是优质的，其中夹杂着很多无营养无价值，可能还会带有蒙骗性质的视频。2018 年 3 月 26 日，《新京报》发表了《抖音快手成假货橱窗　自制化妆品、山寨奢侈品泛滥成灾》一文，不少微商利用抖音这样的平台宣传假货，还有用户在视频中声称有种可以当做汽油用的水。同时抖音中还存在很多吸引眼球的高难度动作，没有一定的舞蹈或是运动基础可能很难完成。例如，2018 年发生的一名父亲带着两岁的女儿模仿抖音里的挑战，抓住女儿的手向上翻转 180 度后失手，结果女儿头部着地，导致脊髓严重受损，上半身已无法行动。针对不断出现的问题，抖音 App 官方发布声明，决定成立“社会责任”小组，优化用户的使用体验。

保证内容产出的质量首先是建立审查和惩罚机制，一旦发现有低俗违规内容产出，抖音官方可对该视频进行屏蔽或予以删除，视频发布者也会受到相应的惩罚，例如短暂性或永久性关停账号等。其次要大力引导鼓励原创类短视频制作。在推荐界面中，我们会看到很多是内容相似的翻拍和模仿作品，原创类视频可为抖音注入新鲜血液，在满足用户新鲜感的同时也增强了用户的好奇心。因此，原创类视频是抖音需要主攻的一个方向，可解决用户的审美疲劳，并留住有明显特色的个性化用户。可运用视频内容识别或其他算法推荐的方式，对于原创类视频加大推荐的力度。例如与一些富有新奇想法，专注于原创短视频制作的大咖合作，定期发布原创类视频。再次，应建立奖励机制，对致力于制作原创短视频的用户进行奖励；发布更多有趣味、有创意的视频作品，激励用户积极参与其中，对于内容积极健康向上，对社会正气充分弘扬、时

代精神大力传承的优秀作品，应该加大推广和投放的力度。

政策的出台和规范优化了短视频的发展环境。近两年，相关部门对短视频行业的监管力度不断加大，各项管理办法相继出台，例如《互联网视听节目服务管理规定》明确要求，从事互联网视听节目服务的平台应当取得广播电影电视主管部门颁发的信息网络传播视听节目许可证，并且设有较为严格的申请条件。还有部分政策针对短视频传播内容进行监督约束，以保证短视频平台的健康规范运营。2018 年 4 月 4 日，国家新闻出版和广电总局发文表示，今日头条、快手两家网站播出有违社会道德节目等问题，在不具备信息网络传播视听节目许可证的情况下持续顶风拓展节目服务，扰乱视听行业秩序，① 4 月 10 日，责令今日头条永久关停“内涵段子”客户端软件及公众号。国家新闻出版和广电总局的持续发文，也让多家短视频公司进行了自查，抖音官方也在 4 月 11 日表示将对系统进行全面升级，其间直播功能与评论功能暂时停止使用，升级完毕后会再次开通。整改行动之后，许多飞速前进的短视频公司纷纷踩刹车，也为初生牛犊的短视频平台调整发展战略、寻求更加合理有效的发展道路提供了新的机遇。

第三节　算法推荐系统需进一步优化，实现跨平台的分享

依靠强大的算法推荐，抖音已经在目前短视频白热化的角逐中逐渐占据上风，但是完全依靠协同过滤和精准分发的单纯算法推荐不能够充分适应目前快速发展的受众需求，需要进一步完善更多维度的算法推荐系统。可以进一步加大对抖音用户使用行为的数据挖掘工作，引入满意度、有用性等其他的考量维度，优化产品内容评价体系的分层分类，避免加剧“蚕房效应”。适当调整兴趣内容与其他内容的分发比例，同时

---

① 光明网，http://baijiahao.baidu.com/s?id=1599491710495682904&wfr=spider&for=pc，2018.05.04

提高平台的识别能力，对于所谓的“网红”短视频内容加强甄别，提高原创视频的推广力度。同时积极引入或增加人工审核的力度，既要在审核过程中提高人工排查的参与程度，又要逐渐树立传播审核过程中“人”的参与意识。对于传递社会正义、弘扬社会正能量的优质作品，有利于社会和谐稳定发展、体现人民利益价值的作品要着重推广。在“BAT”互联网媒介格局下，对于大部分年轻受众群体而言，“两微一抖”几乎成为手机中的标配，而抖音平台目前仍然不能实现视频在QQ和微信的直接分享，实现各平台间的无障碍互通仍然存在壁垒。这里我们举一个例子，比如抖音作品在转发过程中，如希望转发至朋友圈，目前只能像复制文字似的转发，转发视频作品时必须先下载保存到手机相册，进而进入微信的操作界面进行朋友圈的发布，其并没有实现各社交媒体的无缝对接。

移动互联时代，人人都有麦克风，每个人都有话语权，传统意义上“传播者”和“受传者”的界限早已被打破，具体到短视频领域更是如此。在自己发声的同时，自己也成为视频传播的重要传播节点或者是驿站。在抖音短视频App中，作为传播者的用户最大的特点是转发行为。因此，笔者在此将“作为传播者的用户”界定为具有转发行为的抖音短视频App用户。这种转发行为一般是在观看“抖音”短视频作品的过程中产生了与他人分享、互动的使用动机，或是为了满足社交娱乐的需求，将短视频作品转发至微信、微博等社交平台，将抖音短视频作品分享至社区之外的另一个圈子。随着使用时间增加，作为生产者的这批抖音用户也会自己尝试拍摄短视频，会主动观看其他用户的作品，在与其他用户的交流学习中产生了互动，结成了新的社群或者是交流互动的“圈子”，这时单纯的休闲娱乐需求已经退居其次，用户使用抖音短视频App的主要需求变成了社交互动，用户相互之间的关注和支持使彼此都获得了一定的心理满足，这种认同感逐渐取代了最初自娱自乐的需求。因此抖音需要进一步打通与其他社交媒体的壁垒，进一步促进抖音作品的全社交媒体传播，进一步利用现有社交媒体平台的强大用户流量资源不断地进行用户沉淀和新用户的导入。

第四节 评论区成为新的用户体验增长点，商业变现应更加人性化

提升参与用户的活跃度是一个产品能够不断创新和发展的动力之源，通过之前的用户问卷调查和总结其他相关的运营经验，我们发现，激发用户的活跃度成为短视频平台面临的较为重要的棘手命题。

通过巧妙设置议题可以极大地激发用户的创作行为。一般用户的使用行为往往是分散的或非指向性的，可以通过议题设置的方式，主动设定话题，并积极引导用户参与其中，有指向性和目的性地引导用户创作。采用生活化和市民化的视角能够降低用户参与难度，便于用户搜集素材并积极拍摄，在普通的生活中发现快乐和美好。比如特定节日的度过方式记录，旅游城市的地标打卡，同一美食的不同制作方式……用户可以随时随地进行短视频的记录和分享，能够提高用户的活跃度，满足用户的使用体验。

同时随着抖音用户数量的增加，除了单纯的短视频内容观看，评论区已经成为用户表达观点和互动的新阵地。评论区除了对视频内容的补充或评论外，一些网友自发的调侃评论也成为用户进行二次创作和加工的新领域。很多用户将抖音作品的评论概括为“皮”，可见针对作品内容的评价更加凸显了轻松化的标签。抖音用户与其他社交媒体相比更多地采用幽默怪诞和夸张的方式进行意见表达，以疏解现实生活中的压力或不愉快。如通过汉字谐音可达到出乎意料的表达效果，如555（呜呜呜）、口耐（可爱）、兔纸（兔子）等。或者是对于一些约定俗语的更改达到搞笑的目的，此举更多地是针对视频本身画面或情节的调侃，从而达到舒缓压力、制造快乐的目的（图9-1）。

通过留言的数量可以看出，以万为单位的留言评论又构成了除视频以外的传播场域，在评论中出现了更多的互动以及视频内容的拓展，又加速了视频的传播和进入下一轮流量池的机会。值得注意的是，并不是所有的评论区的留言都是无关痛痒的消遣回复，在一些具有强大正能量

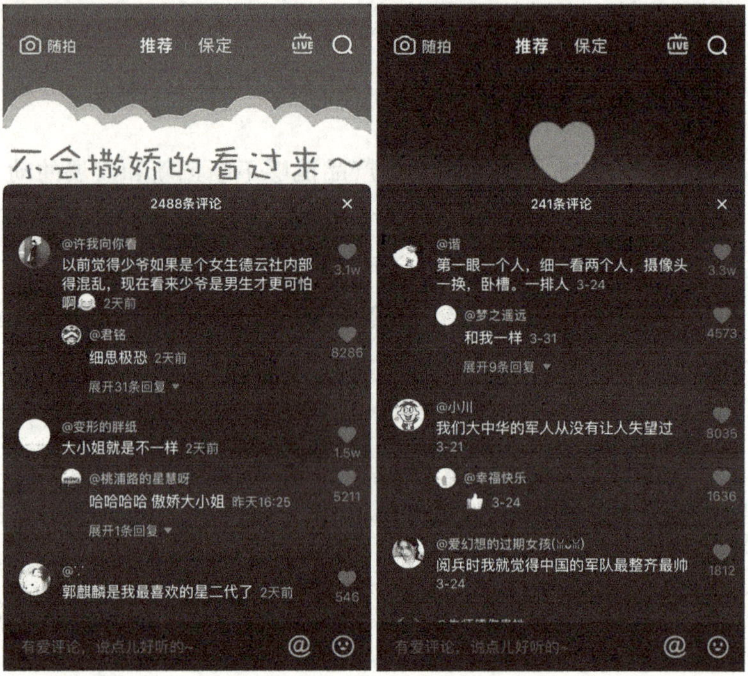

图 9-1　抖音评论区成为重要观点表达渠道

的视频评论里，鲜明指向的评论或者是具有强烈爱国情愫的评论也成为充实视频传播力量的重要组成部分。

同时抖音等短视频平台的变现也成为该平台下一步需要改进或格外关注的领域。随着抖音的日益火爆，抖音的广告盈利方式日趋多样化，在此我们不去过多地讨论与其他新媒体平台相类似的流量变现的一般商业模式，比如平台会员制抑或是打赏等机制，而抖音与电商平台的接轨，通过电商平台为自身引流的推广模式成为跨平台盈利新的增长点。在今后的平台变现中需要更加人性化，以避免出现同质化信息的堆砌和广告的轰炸（图 9-2）。

目前在抖音平台不仅有自营的电商用户，通过使用视频内容进行类似软广告似的推广，同时还有京东、淘宝这样的电商巨头加入，通过画面的链接直接实现抖音画面和购物界面的跳转。“抖音同款”成为红极

图 9-2 电商在抖音上的推荐界面

一时的网红词语。根据极光大数据发布的报告，抖音用户年龄主要分布在 20 岁至 29 岁之间，这个年龄段人数的占比达 60. 7%，一二线城市用户占比达 38. 8%。抖音的女性用户和年轻人占比都是最高的，其中女性用户占比为 66. 1%，30 岁以下用户的占比达 93%。这类年轻群体消费意识普遍强烈，愿意尝试新产品，容易跟风消费，且女性的消费频率高、冲动消费几率更大等特点与绝大多数电商企业的“目标用户画像”重叠率是非常高的。通过精准算法机制的引入，可使广告的推广更加精准，消费的转化率更高，这种商业变现模式无疑是未来发展的潮流。

结　语

随着移动互联技术的不断进步，人们接触信息的方式发生了革命性的变化，从传统的电视、报纸和广播到现在的移动互联时代，每个人对于信息的获取方式从固定地点改变为可移动化，从相对固定的节目播出时间变化为随时的信息获得，从单纯的信息接收方变为大众传播人人都有话语权的 Web3.0 时代。当我们还没有完全适应互联网时代的时候，动辄大数据、动辄人工智能的浪潮已经把每一个人裹挟到一个并不熟悉但却也不陌生的移动互联时代。白岩松老师于 2019 年 6 月在河北大学“新媒体时代，新在哪儿？”的主题演讲中回忆自己的媒体经历时提到，以前报纸一个版面至多只能排 5000 个字，一个频道最多只能播出 24 小时，对于这些传统媒体的从业者，或者说资深传统媒体人来说，“界限”与“限制”是一个较为司空见惯的并且习以为常的媒介素养。而如今，无论是微博、微信还是抖音，无限下滑的手指引导一个个受众进入更加无穷的信息库或信息场，专业媒体人与草根媒体从业者的界限更是逐渐消弭。每个单独的个体都有可能站在新媒体的舆情焦点上，成为风口浪尖的媒介焦点。

早在半个多世纪以前，加拿大著名的传播学家麦克卢汉出版了《理解媒介：论人的延伸》一书，这本书的出版在世界范围内产生了广泛的影响，也让这位名不见经传的小老师一跃变为可与爱因斯坦等大家比肩的大思想家。在该书中麦克卢汉以全新的视角阐述了媒介的概念，提出了许多具有突破性的观点和理论：媒介即是信息；任何媒介都是人体的延伸；人类世界将会成为“地球村”。这些观点影响着人们对科技、媒介和生活方式的理解，在众多领域具有启发性。当时这些理论宛如天书，而如今来看世界的发展，尤其是媒体的发展无一不验证着这些观点的正确性。人们越来越多地从使用通信设备的本身开始研究信息的传播规律，尤其是当今手机作为人们最常见的信息获取媒介，真正成为“人”身体的延伸，去超市支付货款的时候拿出手机，出行的时候拿出手机，寄送快递时拿出手机，甚至刚有一点“饥肠辘辘”感觉时也会拿出手机，各式各样的App成为我们生活中必不可少的“伴侣”。手机媒介对于媒介信息的改变也愈发明显，我们越来越适应竖屏的视频形式，越来越适应或者是习惯或是麻木于随时随地地掏出手机来寻找我们喜欢的信息，尽管有时这种接受是被动的。

新媒体时代，有太多的话题可以去研究与讨论，甚至每一个特定的人或者是App受众都会形成一个相对系统的接受行为。媒介选择、新闻生产和受众的使用，三者之间构成相互影响与作用的综合体。在新媒体时代，高校大学生面对信息时的选择能力、理解能力、判断能力成为其接受行为在媒介素养层面的意识能力，如何接受信息、何时接受信息、接受什么样的信息成为接受行为在具体行为上的表征。研究高校学生的新媒体接受行为不仅仅是一种单纯的媒介素养研究，更是一种对未来媒介发展趋势的了解和预判。当代大学生既是未来社会建设与发展的中坚力量，更是以后社会进步的推动力量，而不仅仅是媒介变革的力量。

新媒体的外延太过宏大，笔者也不想对这一不断变化的媒介形态进行普适性的研究，只选取了微信平台和抖音这两个在大学生中较为集中的新媒体平台进行比较研究。由于新媒体领域的变化本身日新月异，对于一段时间内接受行为数据的整理与分析也理所当然地不能与当下的具体行为完全印证与吻合，比如微信公众平台的文章推送随着微信官方的不断改版和公众号数量的变化，阅读量整体出现下降的趋势，但至少群体性的接受行为仍有其传统和因循。在本书开始写作时，曾设想过能够改造或是引用更多交叉学科的知识和框架，诸如网络动力学和流行病学等其他学科在个体传播方面的先进理论或是在传播数据发掘领域的最新成果，但是在实际研究的过程中更多是对于这些其他学科知识的学习，所采用的研究方法也尽可能地能够通过科学的分析工具进行结构化，期待在日后的研究中能够不断改善和进一步挖掘。

值得肯定的是，本书中所提到的微信平台数据是笔者近六年来所运营新媒体的积累，看到从后台生成的那一份份数据，便回想起2000多天每个晚上10时与运营团队一起推送时的经历。书中引用的桥段也是真实发生的故事。这些数据真实、可靠，基本可以反映所研究对象的风貌，也期待来日能够有更加科学的研究方法和研究思路来作更深入的探讨。

新媒体时代，在人们对新媒体没有统一定义的时刻，就已经深刻影响了每一个人。10年前，谁掌握了客厅的遥控器，谁就拥有家庭中最有话语权的身份，而现在，谁知道覆盖家庭WiFi的密码谁才具有这个话语权身份。互联网、手机、融媒体的信息传播内容，快捷便利的功能，随时、随地，这也许就是这个时代媒介的关键词。

最后我想用狄更斯在《双城记》里的一段话作结：

这是一个最好的时代，这是一个最坏的时代；
这是一个智慧的年代，这是一个愚蠢的年代；
这是一个光明的季节，这是一个黑暗的季节；
这是希望之春，这是失望之冬；
人们面前应有尽有，人们面前一无所有；
人们正踏上天堂之路，人们正走向地狱之门。

参考文献

专著

[1] 胡颖．传播学调查研究方法［M］．北京：中国传媒大学出版社，2010.

[2] 何威．网众传播［M］．北京：清华大学出版社，2011.

[3] 李彪．舆情山雨欲来［M］．北京：人民日报出版社，2011.

[4] 郭庆光．传播学教程［M］．北京：中国人民大学出版社，2009.

[5] 刘军．整体网分析讲义［M］．上海：格致出版社，2009.

[6] 唐绪军．中国新媒体发展报告［M］．北京：社会科学文献出版社，2014.

[7] 陆地，高菲．新媒体的强制性传播研究［M］．北京：人民出版社，2010.

[8]［美］邓肯·J. 瓦．小小世界［M］．陈禹，等，译．北京：中国人民大学出版社，2006.

[9] 王秋菊，师静．网络舆论生成机制与引导规律研究［M］．保定：河北大学出版社，2012.

[10]［英］维克托·迈尔-舍恩伯格，肯尼思·库克耶．大数据时代［M］．盛杨燕，周涛，译．杭州：浙江人民出版社，2013.

[11] 沈渊．SPSS17.0 统计分析及应用试验教程［M］．杭州：浙江大学出版社，2013.

[12] 詹思延．流行病学［M］．北京：人民卫生出版社，1981.

[13] 李兰娟，任红．传染病学［M］．北京：人民卫生出版社，2013.
[14] 罗家洪，薛茜．医学统计学［M］．北京：科学出版社，2008.
[15]［加］马歇尔·麦克卢汉．理解媒介——论人的延伸［M］．北京：商务印书馆，2000.
[16] 李立明．流行病学研究实例［M］．北京：人民卫生出版社，2006.

期刊

[17] 唐妍洁．传播学视角下微信营销的利与弊［J］．新闻世界，2014（2）.
[18] 张洪忠，朱蕗鋆．微博、微信对传统媒体内容使用的影响［J］．新闻记者，2013（12）.
[19] 张艳．传播学视角下即时性营销模式与战略实现——以微信营销为例［J］．中国出版，2013（16）.
[20] 袁俊．浅析微信5.0的营销价值［J］．互联网周刊，2013（16）.
[21] 陈梦轶．微信公众平台的传播学解读［J］．三明学院学报，2014（1）.
[22] 王眉．微信公众平台的传播特点及趋势分析［J］．互联网天地，2014（5）.
[23] 王艺焜．校园官方微信公众平台账号现状及发展方向探析［J］．新闻研究导刊，2014（5）.
[24] 赵敬，李贝．微信公众平台发展现状初探［J］．新闻实践，2013（8）.
[25] 匡文波，张笑蓉．微信PK微博：谁更“凶猛”？［J］．人民论坛，2013（22）.
[26] 蔡雯，翁之颢．微信公众平台：新闻传播变革的又一个机遇——以“央视新闻”微信公众账号为例［J］．新闻记者，2013（7）.
[27] 方兴东，石现升，张笑容，等．微信传播机制与治理问题研究

[J]. 现代传播，2013（6）.
[28] 陈汶鑫. 浅谈微信给传统媒体带来的机遇［J］. 新闻传播，2013（5）.
[29] 陈鑫. 自媒体发展的机遇与挑战——以微信公众平台为例［J］. 中国传媒科技，2013（7）.
[30] 张炜薇，柯赟. 浅析微信公众平台对受众选择行为的影响［J］. 科技向导，2013（18）.
[31] 桑庆兵. 大数据在高校的应用与思考［J］. 南通纺织职业技术学院学报（综合版），2013（6）.
[32] 何维强. 传统媒体与新媒体的交互与结合［J］. 中国地市报人，2011（8）.
[33] 匡文波. “新媒体”概念辨析［J］. 国际新闻界，2008（6）.
[34] 廖祥忠. 何为新媒体?［J］. 现代传播，2008（5）.
[35] 姜胜洪，殷俊. 微信公众平台传播特点及对网络舆论场的影响［J］. 新闻与写作，2014（4）.
[36] 李阳. 微信公众平台的角色定位与功能调适［J］. 社会科学导刊，2012（2）.
[37] 黄楚筠，彭琪淋. 高校微信公众平台使用动机与传播效果分析——以中南大学微信平台为例的实证分析［J］. 传媒研究，2014（8）.
[38] 丁学君. BtoC 模式下移动商务用户接受行为研究［J］. 电子商务，2010（9）.
[39] 尚端武，肖乃涛，陈竹. 刍议广告受众之接受心理［J］. 安徽文学（下半月），2007（1）.
[40] 陈艳芳. 浅论中国短视频社交软件——“美拍”走红的深层次原因［J］. 传播与版权，2015（4）.
[41] 王星晨，李明艺，曹红兵，等. 基于 Android 平台的短视频社交应用设计与实现［J］. 信息与电脑（理论版），2015（12）.

[42] 张梓轩，汤嫣，王海．动态社交语言对表意功能的革新——探析“移动短视频社交应用”赋予新闻传播的新空间［J］．中国编辑，2015（5）．
[43] 黄少毅．让报纸内容有声有色：《海峡导报》短视频新闻的探索［J］．中国记者，2016（1）．
[44] 黄正茂．“2016 年第一网红”Papi 酱蹿红之道——基于受众使用与满足的视角［J］．西部广播电视，2016（9）．
[45] 陈欣杰，刘嘉辉，孙红，等．批评话语分析视角下的网络红人研究——以网红 Papi 酱为例［J］．新闻研究导刊，2016（717）．
[46] 高崇，杨伯溆．微视频的内容主题发展趋势分析——基于对新浪微博官方短视频应用“秒拍”上高转发微视频的研究［J］．新闻界，2016（12）．
[47] 曾瑞阳．下一个纸媒风口：手机短视频？探析《杭州日报》“杭+”视频 3000 万+播放流量之路［J］．中国记者，2016（10）．
[48] 第四届媒介融合与创新论坛．内容、IP、资本将成为短视频发展的三驾马车［J］．中国传媒科技，2017（1）．
[49] 董兰兰．资讯短视频的内容生产策略——基于对“梨视频”发布的热门资讯短视频的分析［J］．新闻研究导刊，2017（802）．
[50] 张喻澍．“去阅读”时代短视频自媒体发展现状及其文化解读——以“一条”为例［J］．新媒体研究，2017（305）．
[51] 李玮，戴梦岚．动画短视频：数据新闻的成熟可视化形式？——基于 2016 年“两会”报道中的动画短视频来谈［J］．新闻界，2017（1）．
[52] 戴德宝，顾晓慧．用户参与行为、感知价值与忠诚度：基于移动短视频社交应用的分析［J］．消费经济，2017（3302）．
[53] 韩存齐．短视频的传播特性研究——探析自媒体时代短视频新闻发展趋势［J］．湖北科技学院学报，2017（3701）．
[54] 张梓轩，梁君健．因袭与重塑：移动传播时代的新闻视听语言特

征研究——以三大央媒两会短视频报道为例 [J]. 新闻大学, 2017 (5).

[55] 郭子辉, 张亚楠. 移动短视频的传播和发展策略探析——基于抖音的个案分析 [J]. 新媒体研究, 2018 (417).

[56] 余欢. 网红经济还能红多久? ——基于短视频传播模式的解读和思考 [J]. 湖北经济学院学报 (人文社会科学版), 2017 (1411).

[57] 尹佳. 融媒体环境下新闻短视频的内容生产与传播——以南方都市报"原声视频"为例 [J]. 视听, 2017 (12).

[58] 周逵, 何苒苒. 技术与管理双重逻辑下的中国短视频产业市场图景——基于5G技术创新扩散的前瞻性分析 [J]. 电视研究, 2017 (12).

[59] 陈宇航. 试论短视频传播对城市公共文化的推动——以"艺起美好"城市文化季的短视频创作为例 [J]. 东南传播, 2018 (1).

[60] 柳爽. 时政短视频创作及传播的创新路径——基于2017年十佳新闻短视频获奖作品的分析 [J]. 电视研究, 2018 (3).

[61] 梁鸿兴. 社交媒体时代, 正能量短视频生产模式探究——基于梨视频发布内容的分析 [J]. 中国报业, 2018 (7).

[62] 侯雅欣. 我国短视频行业的"狂欢化奇观"——以抖音短视频为例 [J]. 新乡学院学报, 2018 (3505).

[63] 孔令媛. 音乐短视频: 自媒体时代下公众的自我表达——以"抖音"为例 [J]. 视听界 (广播电视技术), 2018 (3).

[64] 马源鸿, 曹云忠, 方佳明. 移动短视频社交平台中的价值共创机理——基于抖音短视频的案例研究 [J]. 电子科技大学学报 (社科版), 2018 (2004).

[65] 曾凡斌, 卢煜璇. 亚文化风格视角下的短视频的内容生产——以秒拍、快手为例 [J]. 安徽电气工程职业技术学院学报, 2018 (2302).

[66] 屈波，李阳雪．移动短视频：国内电视媒体融合实践的新路径——中外电视媒体的移动短视频对比研究［J］．电视研究，2018（8）．

[67] 戎明杰，刘华林，吴泽杰，等．关于“抖音”对大学生的现状分析及优化方案研究——基于广东工业大学的实例分析［J］．科技风，2018（26）．

[68] 李峰，杨博．自媒体 2.0 时代短视频 APP 的运营实践——基于腾讯微视运营特征的探析［J］．传播力研究，2018（2）．

[69] 王铙．视频制作如何坚持“小正大”原则，实现“两个效益”——以河南日报报业集团《今日消费》“今日视觉”为例［J］．中国记者，2018（8）．

学位论文

[70] 陈小叶．媒介生态学视角下移动短视频生态位研究［D］．西南交通大学，2018．

[71] 王玉．时尚美妆类微信自媒体订阅号运营策略研究［D］．安徽大学，2017．

[72] 姜姝．网络受众心理及其接受行为研究［D］．东北师范大学，2009．

[73] 薛敏芝．美国新媒体广告规制研究［D］．上海大学，2011．

[74] 陆洋．数字媒体广告对受众的影响研究［D］．哈尔滨师范大学，2012．

[75] 姚学刚．人类信息接受行为的动因、过程及影响因素研究［D］．北京大学，2008．

[76] 田原．企业微信公众平台订阅号的运营策略及有效性研究——以“西安万科”微信公众订阅号为例［D］．西北大学，2014．

[77] 岳颖．微博广告传播中的受众接受行为研究［D］．电子科技大学，2013．

[78] 符姗姗．微电影受众特征及接受行为研究［D］．中南大学，2013.

[79] 马楠．网络电视的大学生受众行为特征研究［D］．东北师范大学，2012.

[80] 田甜．创新扩散理论下的微信扩散和使用影响因子分析［D］．安徽大学，2014.

[81] 张迎秋．移动终端三种视频新闻表达模式的对比研究［D］．内蒙古大学，2017.

[82] 戚旭然．UGC 模式移动短视频社交平台使用动机与使用行为研究［D］．暨南大学，2016.

电子文献

[83] 陈仁海．阅读数和点赞为何不成正比?［EB/OL］. http://mp.weixin.QQ.com/s? _biz = MzA4NDA2MzQ5NA = = &mid = 203032424&idx = 1&sn = bbcc0cad41d20626ae544e 67718707da&scene = 0#rd.

附　　录

附录一：高校微信公众平台用户接受行为调查问卷

亲爱的同学：

您好！感谢您配合我们进行高校微信公众平台用户接受行为问卷调卷，本问卷旨在了解大学生对高校微信公众平台的使用习惯和理解建议，为打造适合在校大学生使用的微信公众平台提供借鉴。请把选项写在题目序号后的括号内。

您所在的学校（学院）：__________________

1. 您的性别是？（　　）

A. 男　　B. 女

2. 您的年级是？（　　）

A. 大一　　B. 大二

C. 大三　　D. 大四

E. 研究生

3. 您的专业是？（　　）

A. 文科　　B. 理科

C. 工科　　D. 医科

E. 其他______

4. 您使用微信多长时间了？（　　）

A. 一个月以内　　B. 一个月到半年

C. 半年到一年　　D. 一年以上

5. 您每天平均使用微信的时间是多少？(　　)

A. 10 分钟以内　　B. 10～30 分钟

C. 30～60 分钟　　D. 60 分钟以上

6. 您每天都在哪个时间段集中使用微信？(　　)

A. 7：00～12：00　　B. 12：00～17：00

C. 17：00～21：00　　D. 21：00 以后

7. 你上微信主要是为了什么？(　　)

A. 和朋友聊天　　B. 发/刷朋友圈

C. 看公众账号消息　　D. 其他

8. 您每天使用微信浏览公众账号的时间是多少？(　　)

A. 10 分钟以内　　B. 10～30 分钟

C. 30～60 分钟　　D. 60 分钟以上

9. 最常关注的微信公众平台是哪种类别？（可多选，不超过 3 项）(　　)

A. 新闻媒体　　B. 娱乐休闲

C. 美食旅行　　D. 学习工具

E. 公益活动　　F. 健康运动

G. 明星八卦　　H. 创意科技

10. 您一般通过什么方式知道所关注的微信公众账号？（限选 2 项）(　　)

A. 朋友推荐

B. 从微博或其他社交网站的信息上看到的

C. 学校官方通知

D. 已经关注的其他账号推荐

E. 通过阅读图文消息关注

11. 当您看到一个感兴趣的微信推送消息时，会选择以下哪种行为？(　　)

A. 转发朋友圈　　B. 私信转发给朋友

C. 收藏

12. 您喜欢微信公众账号消息以何种方式呈现？（　　）

A. 以文字为主　　B. 图文结合

C. 以图片为主　　D. 语音

E. 视频

13. 您认为学校官方微信公众平台应该具有的功能或者您希望具有的功能是什么？（可多选，不超过 3 项）（　　）

A. 校内信息资讯查询（校园新闻、学术讲座等）

B. 校园相关信息查询（成绩查询、图书信息等）

C. 校园周边环境介绍（休闲娱乐等）

D. 所在城市环境介绍（城市主要景点等）

E. 生活信息（天气预报等）

14. 您认为微信平台推送什么内容最能吸引你？（　　）

A. 校内信息（学校活动新闻、讲座等）

B. 学生日常信息（学习方法、学生生活等）

C. 学术知识信息（科技、历史、文化知识等）

D. 休闲娱乐信息（段子、笑话等）

15. 您认为一篇图文消息的最佳阅读时间是多久？（　　）

A. 3 分钟以内　　B. 3~5 分钟

C. 5~7 分钟　　D. 7 分钟以上

16. 您认为一条图文消息有几张图片合适？（　　）

A. 5 幅以下　　B. 5~10 幅

C. 10~15 幅　　D. 15 幅以上

17. 您认为学校官方微信公众平台推送频率较合理的是？（　　）

A. 一天更新多次　　B. 一天更新一次

C. 每周更新　　D. 随机更新

18. 您认为学校官方微信公众平台每天适合推送的消息条数为？（　　）

A. 1 条　　　　　　　　B. 1~3 条

C. 3~5 条　　　　　　　D. 5 条以上

19. 您喜欢如何与微信公众账号进行互动？(　　)

A. 投票抽奖

B. 留言回复

C. 公共服务（天气、快递、公交查询）

D. 点赞或转发图文消息

20. 对于您所在学校的微信公众平台账号您的阅读频率或者互动频率如何？(　　)

A. 经常阅读发布的信息，并且经常使用该账号的所有或大部分功能

B. 经常阅读信息，但不了解或没使用相关功能

C. 不经常阅读信息，但了解并经常使用其相关功能

D. 既不经常阅读信息，也不使用相关功能

21. 您平均每天转发分享到朋友圈的消息数为？(　　)

A. 几乎不发　　　　　　B. 1~3 条

C. 3~5 条　　　　　　　D. 5 条以上

22. 您关注的微信公众平台的数量？(　　)

A. 5 个以下　　　　　　B. 5~10 个

C. 10~15 个　　　　　　D. 15 个以上

23. 您认为目前校园类微信公众平台的主要问题是什么？(可多选，不超过 3 项) (　　)

A. 信息真实性不强

B. 信息量过大，看不过来

C. 注册、登录繁琐，操作麻烦

D. 偏激内容偏多

E. 无法对“关注的微信号”进行分级管理

F. 使用界面凌乱不整齐

G. 得到的信息回馈太少，互动性不强

H. 还不够普及，用户数量少

I. 微信号之间没有互通合作关系

J. 信息实用性不强

K. 提供服务太少，有待加强

L. 其他______

24. 您使用微信的网络环境是？（　　）

A. WiFi　　B. 3G 流量

C. 4G 流量（选择 B/C，请填写您每月的流量包______M）

25. 您是否使用过微信的其他功能？（　　）

A. 滴滴打车　　B. 微支付

C. 腾讯公益　　D. 其他______

对于您所提供的帮助，我们表示诚挚的感谢！

为了保证资料的完整与准确，请您对填写内容再核对一下。谢谢！

附录二：高校大学生“抖音”使用情况调查问卷

亲爱的同学：

您好，我们正在进行一份关于高校学生“抖音”使用状况的调查。本次调查为不记名，我们将对您的回答完全保密，请您根据自身实际情况作客观真实的回答，感谢您的参与！

1. 您的性别：[单选题]

□ 男　　□ 女

2. 您所在的年级：[单选题]

□ 大一　　□ 大二

□ 大三　　□ 大四

□ 研究生

3. 您听说过抖音吗［单选题］

☐ 知道，并正在使用（请跳至第 6 题）

☐ 只是听说，没使用过（请跳至第 4 题）

☐ 听说过并用过，现在卸载了（请跳至第 5 题）

☐ 不知道有这个软件

☐ 只是看过抖音生成的视频，并未下载过（请跳至第 4 题）

4. 您不用抖音的原因是［多选题］

☐ 对其没兴趣（请您填写完本题后结束作答）

☐ 身边没有人用（请您填写完本题后结束作答）

☐ 怕耽误时间（请您填写完本题后结束作答）

☐ 已有同类 App，没必要再下载（请您填写完本题后结束作答）

☐ 其他 __________（请您填写完本题后结束作答）

5. 您卸载抖音的原因是［单选题］

☐ 对其内容不感兴趣

☐ 不好操作

☐ 浪费时间

☐ 有其他的 App 满足使用__________

6. 您是通过什么渠道知道抖音的［多选题］

☐ 身边同学在用

☐ 活动推广

☐ 其他新媒体（微信、微博）的宣传

☐ 喜欢的明星在用

☐ 其他__________

7. 您现在是否还在使用抖音［单选题］

☐ 是　　☐ 否（请跳至第 13 题）

8. 您使用抖音有多久了［单选题］

☐ 少于 1 个月　　☐ 1~3 个月

☐ 3~6 个月　　☐ 6~12 个月

□ 1 年以上

9. 您是否每天都使用抖音 [单选题]

□ 是　　□ 否（请跳至第 11 题）

□ 其他（如：两天使用一次）__________（请跳至第 11 题）

10. 您每天使用抖音的频率 [单选题]

□ 1 次　　□ 2~5 次

□ 5~10 次　　□ 10 次以上

11. 您一般使用抖音的时间段是 [单选题]

□ 起床前后　　□ 课间休息

□ 午休或晚上睡觉前　　□ 其他

12. 您看抖音的习惯 [单选题]

□ 有时间就看　　□ 固定时间看

□ 无聊时随机看　　□ 有消息推送时看

□ 不是经常看

13. 您使用抖音的原因是 [多选题]

□ 内容精彩喜欢看　　□ 能获取新知识

□ 好友的互动分享　　□ 个人魅力展示

□ 打发时间

14. 您觉得哪些因素吸引您看抖音 [多选题]

□ 轻松减压　　□ 信息更新快

□ 好友互动性强　　□ 在视频中找到认同感

15. 您是否分享过抖音 [单选题]

□ 有过　　□ 没有（请跳至第 18 题）

16. 您会将抖音短视频分享到以下哪种社交平台 [多选题]

□ 微博　　□ 微信及朋友圈

□ QQ 及 QQ 空间　　□ 其他短视频 App

17. 分享抖音短视频对您的人际交往有何影响 [单选题]

□ 加深了人际关系

☐ 增加了互动话题

☐ 改变了他人对您的某些认识

☐ 并没有什么影响

18. 在抖音里，您更侧重于哪一种用户［单选题］

☐ 创作者　　☐ 观看者

☐ 粉丝

19. 您是会拍摄过抖音作品［单选题］

☐ 拍摄过　　☐ 想拍摄但是没有拍过

☐ 从不拍，只看其他用户作品

20. 您拍摄抖音作品的内容是什么？［多选题］

☐ 模仿别人的作品　　☐ 生活记录

☐ 娱乐搞笑　　☐ 知识普及

☐ 其他________

21. 与其他短视频 App 相比较，您觉得抖音在哪一方面更吸引您［单选题］

☐ 音乐性　　☐ 创意性

☐ 视频质量　　☐ 共同兴趣的朋友多

☐ 其他________

22. 您是否喜欢抖音［单选题］

☐ 忠实粉丝　　☐ 喜欢

☐ 一般　　☐ 不喜欢

23. 您对抖音社会影响的评价［矩阵量表题］

	非常不赞同	不赞同	一般	赞同	非常赞同
朋友的意见会影响我使用抖音	☐	☐	☐	☐	☐
社会舆论的导向会影响我使用抖音	☐	☐	☐	☐	☐

续表

	非常不赞同	不赞同	一般	赞同	非常赞同
明星效应会影响我使用抖音	□	□	□	□	□

24. 您对抖音使用满意度的评价［矩阵量表题］

	非常不赞同	不赞同	一般	赞同	非常赞同
跟我的预期相比，使用抖音我是满意的	□	□	□	□	□
抖音能够很好地满足我的需求	□	□	□	□	□
整体上我对抖音是满意的	□	□	□	□	□

25. 除了抖音外，您还用过哪些短视频 App［多选题］

□ 秒拍　　□ 美拍

□ 快手　　□ 火山小视频

□ 小咖秀　　□ 其他 ______

□ 都没有用过

26. 您认为短视频相比于传统视频，有哪些优势［多选题］

□ 操作简单，便于拍摄

□ 内容有趣，贴近生活

□ 社区性强，互动性强

□ 其他（请补充说明）________

27. 您认为抖音还需改进的地方是［多选题］

□ 音乐曲库歌曲少，需要更新

□ 好友推荐功能比较弱，但占据版面太大

□ 对视频内容进行分级，为未成年人传播正能量

□ 对视频内容严格把关，提高审核力度

□ 提供使用时长提醒

□ 延长拍摄时间的功能

□ 优化举报路线

□ 多一些生活小技巧或有关学习和励志的视频

□ 避免同类信息反复出现

□ 其他_________